JN289611

北原保雄の日本語文法セミナー

北原保雄［著］

大修館書店

まえがき

文法を学ぶ方法はいろいろあるでしょうが、品詞、文の成分、文の構成などを体系的に学ぶ方法と、具体的な問題について文法的に考えながら文法的な力を身につけていく方法が代表的なものでしょう。

前者の方法には、文法的事項を順序立てて漏れなく学ぶことができ、体系的な知識が身につくという利点がありますが、体系的な知識があっても、それで具体的な問題を解決することができなければ、何の役にも立ちません。それに文法体系は一つだけではなくいくつもあります。

文法は何のために必要なのでしょうか。少なくとも高校までの教室では、そして一般の人々にとっても、的確な理解と表現をするため、表現に関して言えば、さらに効果的な表現をするために必要なのだと言ってよいでしょう。書かれたり話されたりしたものを的確に理解するために、また伝えたいことを的確に書いたり話したり、さらには効果的に書いたり話したりするために、文法の力を身につけることが大切なのです。

それには、具体的な問題について文法的に考える訓練を重ねることが有効です。個別的な問題を取り上げていたのでは、文法の全体を学ぶことができないではないかという心配があるかもしれませんが、具体的な問題について文法的に考えることを繰り返していくうちに、そういう心配は解消されるはずです。

文法を学ぶことは、何よりも、楽しいことでなければなりません。そのためにも問題のある具体的な表現を取り上げて文法的に考えるというこのセミナー方式は意義のあるものだと思います。

このセミナーは、かなり以前から最近まで『国語教室』（大修館書店）に長期にわたって連載してきたものをまとめたものです。調査分析に使用した文法テキストなどはその当時のもので、現在では変わっているところがあるかもしれません。ただ、論旨にはまったく関わりませんので、そのままとしました。

本書が成るにあたっては大修館書店編集部の伊藤進司氏に大変お世話になりました。感謝の意を表します。

二〇〇六年六月

鏡郷文庫主人

北原　保雄

目次

3章 「おはす」はサ変動詞か？——用言・副詞・接辞に関するQA 115

4章 文と文章の区別は？——文の構成・文の成分に関するQA 153

1章　完了の助動詞「り」の接続は？——助動詞に関するQA

Q1 助動詞「ず」の未然形「ず」は存在するか？

古典文法のテキストや古語辞典には、打消の助動詞「ず」の未然形に「ず」を立てていないものがありますが、立てないでいいのでしょうか。

A 手もとにある高校用の古典文法のテキスト三十六冊を調べてみましたら、未然形に「ず」を立てているものが二十五冊、立てないものが十冊、表紙裏の一覧表には立てないが本文の活用表の方には立てているものが一冊ありました。つまり、未然形に「ず」を立てているものが圧倒的に多いという結果が出ました。これでは、未然形に「ず」を立てないでもいいのかとご心配になるのも当然です。

未然形の「ず」だとされるのはどういう用法のものかといいますと、

かなしき吾が子　あらたまの　年の緒長く　あひ見ずは　恋しくあるべし
（万葉・二〇・四四〇八長歌）

いつまでか野辺に心のあくがれむ花し散らずは千代もへぬべし（古今・春下・九六）

などのように、「は」に続いて順接の仮定条件を表すものです。仮定条件を表すことから、「ずば」と読まれ、「ず」は未然形、「ば」は接続助詞と考えられてきたのです。

ところが、橋本進吉博士の大正末年ころからの研究[注1]によって、①これは「ずは」と読むべきものであり、②「ず」は連用形、「は」は係助詞であること、③右掲の例「あひ見ずは」でいえば、これは「あひ見ずしては」の意味であるが、「逢わなかったら」のように打消の仮定条件に解しうることなどが論証されました。この橋本説には反論[注2]も出ましたが、それらは要するに、解釈が仮定条件になるから、「未然形＋は（ば）」と見るべきだというものです。しかし、形態・文法から解釈に向かうのが正しい方向であり、解釈がこうなるから文法はこうだというのは、逆の方向だと思います。「ずは」という形態をおさえ、それを文法的に説明し、それに従って解釈をした橋本説は、きわめて自然で説得力があります。

未然形に「ず」を立てる理由は、この一つだけです。あるテキストに、

> 未然形の「ず」は、助詞「は」「とも」を下接する。

とありますが、「ずとも」の「ず」も連用形と見るべきものです。

「ずは」の「ず」が未然形ではなく、連用形であるということになると、未然形に「ず」を

立てる理由はなくなります。ちなみに、拙著『古典にいざなう新古典文法』（大修館書店）には、未然形に「ず」を立てておりません。また拙編『全訳古語例解辞典』（小学館）でも同じです。

それでは、どうして多くの文法テキストが未然形に「ず」を立てているのでしょうか。その理由については、むしろ、それぞれの著者、編者にお聞きしたいところですが、いわば積極派と消極派の二派があるようです。「ず」に（　）を付けてあげているものがありますが、これは後者でしょう。積極派には、

(A)未然形の「ず」に、接続助詞「ば」の清音化した「は」が付いたもの。したがって「未然形＋ば」と同じで、仮定条件を表し、「…ナイナラバ」と訳す。

(B)形容詞の未然形や打消の助動詞「ず」の未然形に「は」が付くと、仮定条件を表す。そこでここでは、この「は」を接続助詞として取り扱う。

のように説明しているものがあります。消極派のものには、たとえば、

(C)「ずは」の「ず」接続助詞「は」が付いて仮定条件を表すが、これは連用形で、古く

は未然形の「ず」は存在しなかったと考えてよい。

のように説明しているものがあります。

右の三著は、共通して、「は」は接続助詞で「ば」と同じ働きをしていると説明していま
す。しかし、「をば」のように「は」が「ば」と濁音化することはありますが、「ば」が清音化する例は他には認められませんし、清音化する理由も考えられません。解釈が仮定条件になるから「未然形＋ば」である、「は」になっているのは「ば」が清音化したのだというのでは、前述のように、文法軽視、解釈優先の誤った論理と言わざるをえません。

「ず」に未然形「ず」を認めるのは、形容詞や形容詞型活用の助動詞の本活用に未然形を認めることに通じます。つまり、形容詞の未然形に「―く」「―しく」の形を認め、助動詞「べし」「まじ」「まほし」「たし」などの未然形に「べく」「まじく」「まほしく」「たく」などの形を認めるのは、これらの形に「は」が付いて仮定条件を表すものを「未然形＋は」と考えるからです。これは、「ずは」の場合と全く同じ理由で、誤りであると断ぜざるをえません。

「ず」は意味・用法のいろいろの面で形容詞と似ています。形容詞はものの性質・状態や情意を表しますが、これらは時間とは関係のない、いわば超時間的な概念です。それに対して、未然形は、その名の示す通り、まだそうでないという、時間にかかわる意味を表す場合に用い

られる形です。ですから、形容詞や形容詞型活用（そして意味）の助動詞の本来の活用（本活用）には未然形があってはおかしいのです。（補助活用は「あり」の付いた形で、すでに動詞的です。）

「ず」の未然形に「ず」を立てないことと、形容詞や形容詞型活用の助動詞の本活用に未然形を立てないこととは、統一的に考えられなければならないのです。

注1　橋本進吉「語義の解釈と文意の解釈」「奈良朝語法研究の中から」「上代の国語に於ける一種の「ずは」について」（いずれも『上代語の研究』〈著作集五〉所収）

注2　宮田和一郎「正しい解釈・正しい文法―平安時代のズハと上代のズハ―」（『解釈』昭和四四年一月）

Q2 完了の助動詞「り」の接続は？

ある古典文法テキストに、完了の助動詞「り」の接続は、
⑴四段動詞の已然形とサ変動詞の未然形に付く。
⑵四段動詞にもサ変動詞にも、ともに命令形に付く。
の二説が併記されています。⑵の説明として「上代に特有な仮名遣いの研究によって、四段動詞で「り」の付く形は、命令形と同一の形であることがわかった。」とありますが、どういうことなのでしょうか。命令形に付くというのが納得できません。

A どのテキストによられたのかわかりませんが、完了の助動詞「り」の接続については、説明がゆれていて、おあげになった⑴⑵のほかに、もう一つ、

⑶四段動詞の命令形とサ変動詞の未然形に付く。

という説明もあります。例によって、手もとにある高校用の古典文法のテキスト三十六冊を調べてみましたら、

(1)二十二冊
(2)三冊
(3)十冊

という結果になりました（他の助動詞も含めて接続関係についての説明のないものが一冊）。ただ、多くのテキストが別の考え方についてもふれています。

(1)と(3)は、サ変動詞の未然形に付くという点は共通しています。四段動詞の場合が、已然形に付くか命令形に付くかで違っているのです。この点について説明しましょう。

「り」は、四段動詞には「咲けり」の「け」や「会へり」の「へ」のようにエ段の音に付きます（その理由については後述）。従来は、この「咲け」や「会へ」を已然形だと説明してきました。ところが、上代には、エ段の音のうち「け」「へ」「め」およびその濁音「げ」「べ」の都合五つには、それぞれ二種の音があったことが判明しました。この二種を甲類、乙類と呼ぶことにしましょう。たとえば、「け（異）」「け（毛）」「け（笥）」の三つは、現在では（平安時代以降は）音に違いがありませんが、上代では「け（異）」はケ甲類であり、「け（毛）」と「け（笥）」はケ乙類で、別の音であったということが分かったのです。

そういう目で、「咲けり」の「け」や「会へり」の「へ」を見てみますと、これらは甲類です。そして、已然形の活用語尾の「け」や「へ」は乙類であり、命令形のそれは甲類なのです。ですから、少なくとも上代においては、已然形に付いているとは言えないことになります。乙類＝已然形、甲類＝命令形、とはっきり違っていて、甲類に付いているのですから、命令形に付くとしか説明のしようがありません。

ただ、「咲けり」や「会へり」は、「咲く」や「会ふ」の連用形に「あり」が付いた「咲き＋あり」「会ひ＋あり」が saki + ari → sakeri, aFi + ari → aFeri のように融合して（ia → e）できたもので、「り」の部分を切り離して助動詞とするのは、「り」の上の部分がたまたま已然形あるいは命令形と同じ形になっているからです。

サ変動詞の場合も全く同様で、「せり」は「し＋あり」が、si + ari → seri のように融合して（ia → e）できたもので、「り」を切り離した部分「せ」がたまたま未然形あるいは命令形と同じ形になるので、未然形あるいは命令形に付くと説明するのです。

したがって、「着《け》り」「来《け》り」などは、全く同様に「着《き》＋あり」「来《き》＋あり」が融合してできたものですが、「り」の部分を切り離すと、残った部分「着《け》」「来《け》」がどの活用形とも形が一致しないので、切り離さずに「着《け》り」「来《け》り」を一語としています。

そういうことで、完了の助動詞「り」が四段動詞・サ変動詞の何形に付くかは、大騒ぎをするにはあたらない問題です。最も的を射た説明は、むしろ、

⑷四段動詞にもサ変動詞にも、活用語尾のエ段の音に付く。

というようなものでしょう。

しかし、助動詞の接続は活用語の何形に付くという形で説明すべきだというのであれば、やはり⑶がいいと私は考えます。四段動詞の場合は、上代では命令形に付いたとしか説明のしようがなく、平安時代以降已然形に付くようになったという証拠もないのですから、命令形に付くとするのがよく（以上⑴に対する批判）、また、サ変動詞の場合、命令形に付くとするのは、上代では確かにサ変動詞「す」の命令形は「せ」であるが、平安時代以降は「せよ」となり、これがむしろ古典文法の代表的活用形ですから、混乱する恐れがあります（以上⑵に対する批判）。ただ、⑶説にも（そしてこれは⑵説にも共通することですが）、命令形は本来言い切りの形であり、助動詞などを下接させないものである、という難点があります。私は、これは大きな難点だと思います。已然形は「ど」「ども」や「ば」を下接させますが、命令形は一部の終助詞以外、助動詞や助詞を下接させないのです。ただ、⑴説をとる二十二冊のテキストの中には、この理由をあげるものは一冊もありません。

⑶説には、このような難点があります。しかし、少なくとも上代には、命令形（と同じ形）に付いている確例が存在するのです。この事実は無視することができません。命令形だという

ことに意味があるわけでなく、たまたま命令形と同じ形になっているというだけのことですが、それでも何形かということになれば、命令形とすべきだと考えます。

橋本進吉博士は、次のように述べています。

「り」は四段とサ変にのみつき、四段には命令形に（已然形といふのはよくない）、サ変には将然形につく。（古代語ではもつと他のものにもついた。）（『助詞・助動詞の研究』三五〇ページ）

「将然形」は未然形のことです。橋本博士も(3)説でした。

Q3 「汲むとはなしに」の「に」は何か？

『土佐日記』二月四日の条に、

手をひてて寒さも知らぬ泉にぞ汲むとはなしに日ごろ経にける

という歌があります。この歌の「なしに」は、「形容詞の終止形＋格助詞」なのでしょうが、「に」は形容詞の終止形に接続するのでしょうか。

A まず事実の確認から始めましょう。「なしに」という形は、『万葉集』にも多数あります。

常知らぬ道の長手《ながて》をくれくれと如何にか行かむ糧米《かりて》は無しに（五・八八八）

筑波嶺にかか鳴く鷲《わし》の音《ね》のみをか鳴き渡りなむ逢ふとは無しに（一四・三三九〇）

うるはしと吾《あ》が思《も》ふ君はいや日《ひ》けに来ませせわが背子《せこ》絶ゆる日無しに（二〇・四五〇四）

『古今集』にも、

とどむべき物とはなしにはかなくも散る花ごとにたぐふ心か（春下・一三二）

ほととぎす我とはなしに卯の花のうき世の中に鳴き渡るらむ（夏・一六四）

などを含めて、全五例あります。『源氏物語』にも例があります。ですから、『土佐日記』の例は、決して特殊なものではないということになります。

さて、「なし」は、おっしゃるように、形容詞「なし」の終止形であると考えるほかありません。「なし」という形は、終止形以外にないからです。ここで問題は二つに分かれます。一つは、それでは「に」は何であるかという問題、もう一つは、そういう「に」に、どうして終止形の「なし」が上接できるのかという問題です。

まず第一の問題ですが、この「に」は格助詞か助動詞「なり」の連用形かのいずれかでしょう。『日本国語大辞典』などでは助詞としていますが、用例をよく見てみると、「～なし」は状態的な意味を表していますし、「～なしに」には形容動詞の連用形に相当するような叙述性が認められます。『土佐日記』の例でいえば、「汲むとはなしに」は「泉の水を汲むということではない状態で（あって）」という意味で、「に」は「なり」に通じる叙述性をもっているように解釈されます。「汲むとはなしに日ごろ経にける」は、「日ごろ経にけるは汲むとはなしなり」の「汲むとはなしなり」を連用修飾成分として前に持ってきたような構文であると理解されます。したがって、この「に」は、格助詞というよりも、断定の助動詞「なり」の連用形と考えた方がベターであるように思われますが、両者は本来同じものであり、判別のしがたい場合も多々あります。

それよりも重要なのは、第二の問題、つまりどうして「なし」が「に」に上接することができるのかという問題です。「に」は、助動詞の連用形であれ、格助詞であれ、形容詞の終止形に下接することは一般にないことなのです。

これは、「汲むとはなし」などの「〜なし」は、それ全体が体言化する用法をもっており、その体言化したものに「に」が下接するのだと説明することができるでしょう。

現代語にも、「何もなしに一日が過ぎた。」「一日の休みもなしに一か月間働いた。」などという言い方がありますが、この「何もなし」「一日の休みもなし」の全体が状態的な意味を有する体言（＝形容動詞の語幹相当）になっていることは、現代語ですから内省して納得することができます。

「なし」は、「底無し」「ろくで無し」「人で無し」「一文《いちもん》無し」などのように複合的体言を作ります。また、「この事は無しにしておこう」「なしのつぶて」（「梨」が言いかけてあります）などのように単独でも体言化します。

このことは、同じく打消の意を表す助動詞の「ず」についても同様に言えます。「開か（け）ずの門」「行かず」「世間知らず」「やらずの雨」「恥知らず」など、いくらでも例をあげることができます。
実は、「ず」にも「ずに」という形があるのです。

出よとも云わずに会したぞ（史記抄・一三・劉叔孫）
代物《だいもつ》要らずに雁を取るたくみを致ひた（虎明本狂言・雁盗人）

「ず」には、「ずと」という形もあります。

簿書の結計算用なんどの人をば知らせずと置けといふぞ。（四河入海・一九・二）
汝は路次《ろし》で雨にあふたと見えた。ざれ事をせずと末広がりを見せい。
（虎寛本狂言・末広がり）

「ず」の場合は、終止形だけでなく連用形も「ず」という形ですから、これらの「ず」が終止形であると速断することはできませんが、「に」は連用形にも無条件には下接しないのですから、連用形であるとするにも、それだけの説明が必要です。そして、「なしに」という形があることからすれば、「ずに」「ずと」の「ず」も終止形であると考える方が、はるかに自然です。

「ず」の場合は、用例出現の時期が下りますが、「ず」にも「なし」と同じ可能性がずっと潜在していたからこそ、時代が下ってから、同じ用法が顕在化したのだと見ることもできましょう。同じ可能性というのは、「〜なし」「〜ず」が体言化するということですが、これは、打消という意味と関係があると思います。打消は一種の状態です。それ故、状態的な体言、つまり状態言に転成することができるのだと思います。

この点は、もう少し深く考えてみなければなりません。また、「〜なしに」と「〜なくて」と「〜なきに」とはどう違うか、「〜ず」と「〜ずに」と「〜ずと」とはどう違うか、現代語の「〜ないで」は、これらの問題とどうかかわるか、など考えたい問題がたくさんあります。

Q4 推量の助動詞「らむ」の意味は？

ある古典文法テキストに、助動詞「らむ」の第二の意味として、

現在の原因・理由の推量……原因・理由がはっきりしなくて疑念を持っている事を表します。

と書かれていますが、推量の助動詞が疑念を持っていることを表すというのは、おかしいのではないでしょうか。

A このテキストでは、第一の意味についても、

現在の推量……はっきりと見定められなくて疑念を持っている事を表します。

と述べています。他にも、

現在推量　話し手が現在のことに対し、それが不確実なために、疑念をもった場合。
原因推量　話し手が現在のことの原因・理由が不確実なためにそれに疑念をもった場合。

と説明しているテキストがあります。

しかし、疑念を持つことと推量することとは別のことです。疑念を持った場合に推量することはありますが、疑念を持っても推量しないこともありますし、疑念を持たなくても推量する場合があります。例えば、

(1)憶良らは今は罷らむ子泣くらむ（万葉・三・三三七）

の「らむ」は、第一の意味の例ですが、この「らむ」は「疑念を持っている事」を表しているでしょうか。「疑念をもった場合」の表現でしょうか。
(1)の歌は、「子どもが泣いている」かどうかが分からないで、推量しているものです。推量は、疑念を持ったことについてするものではなく、分からないこと、はっきりしないことについてするものです。疑念とは直接関係がありません。ただ、疑念もまた、分からないこと、はっきりしないことについて抱くもので、その点で推量と通じるところがあります。しかし、疑念を持つことと推量することとは、あくまでも別のものです。「子どもが泣いている」かどうかが分からず疑念を持っていることを表すのには、たとえば、「子泣きをるか」のような、疑問の表現があります。

ただ、推量の内容と疑念の内容とはほぼ共通しますので、疑念を含んで推量する表現はいくらでもあります。

⑵阿胡《あご》の浦に船乗りすらむ娘子《をとめ》らが赤裳の裾に潮満つらむか（万葉・一五・三六一〇）

「らむか」のように「らむ」に「か」が下接するのは上代の表現で、平安時代以降は、「～か～らむ」という形をとるのが一般ですが、それはともかく、このように、「らむ」が疑念を表す「か」と重ねて（あるいは一緒に）用いられることも、「らむ」が疑念を持っていることを表すものでないことの証左となります。

⑵の「満つらむか」の現代語訳は「満ちているだろうか」とでもなりましょうが、現代語においても、推量と疑問とは別の表現によっているわけで、「推量する意を表す」と書くべきところを、「疑念を持っている事を表す」と書いたのは、やはり誤りというべく、また、「疑念をもった場合」と説明するのも、妥当であるとは言えません。

以上で、ご質問に対する回答は終わりですが、ついでに、第二の意味の「原因・理由の推量」について述べておきたいことがあります。

高校用の古典文法テキストを調べてみますと、そのほとんどすべてが、「原因・理由の推量」とか「原因の推量」と説明しています。（実は、私の書いたテキストも、その一冊です。）それはそれで正しいのですが、第二の意味は原因・理由についての推量だけではないのです。

(3)春日野の若菜つみにや白たへの袖ふりはへて人の行くらむ（古今・春上・二二）
(4)思ひつつぬればや人の見えつらむ夢と知りせばさめざらましを（古今・恋二・五五二）
(5)宿りせし花たちばなも枯れなくになどほととぎす声絶えぬらむ（古今・夏・一五五）

そして、

(6)久方の光のどけき春の日にしづ心なく花の散るらむ（古今・春下・八四）

など、原因や理由について推量するものだけが取り上げられて、

(7)いつのまにさ月来ぬらむあしひきの山ほととぎす今ぞ鳴くなる（古今・夏・一四〇）
(8)秋風にはつかりがねぞ聞こゆなるたがたまづさをかけて来つらむ（古今・秋上・二〇七）

などの例に注意がとどいていないのです。

(7)の歌は、「ある時期に五月が来ている」ことは分かっているが、いつ来たのか分からない。その分からない部分を「いつのまに」と推量しているものです。また、(8)の歌は、「初雁が誰かの手紙を身につけて来ている」ことは分かっているが、誰の手紙を身につけて来ているのか分からない。その分からない部分を「たがたまづさをかけて」と推量しているものです。(7)も(8)も、原因・理由の推量ではありません。これらが、原因・理由の推量と共通するのは、ある部分が分かっていて、分からない部分について推量するものであるという点です。第一の意味が、

①現在のことがら全体について丸ごと推量する

ものであるのに対して、第二の意味は、

②現在のことがらのうち、ある部分が分かっていて、それを前提に、分からない部分について推量する

ものです。

第一の意味は、「現在の丸ごとの推量」、さらに省略して「丸ごと推量」と呼ぶことができ、第二の意味は、「現在の部分的推量」「部分推量」などと呼ぶことができるでしょう。原因・理由の推量は、その推量される部分が原因・理由である場合なのです。

Q5 推量の助動詞の活用形はなぜ三つか？

推量の助動詞「らむ」には、「らむ・らむ・らめ」のように三つの活用形しかありません。推量の助動詞には、終止形・連体形・已然形の三つの活用形しか持たないものが多いようですが、なぜでしょうか。

A おっしゃる通り、推量の助動詞「む」「らむ」「けむ」「らし」「じ」などには、終止形・連体形・已然形の三つの活用形しかありません。

	未然形	連用形	終止形	連体形	已然形	命令形
む	（ま）	○	む	む	め	○
らむ	○	○	らむ	らむ	らめ	○
けむ	○	○	けむ	けむ	けめ	○
らし	○	○	らし	らし（らしき）	らし	○
じ	○	○	じ	じ	じ	○

詳しく見ると、「む」には準体助詞（または接尾語）「く」を下接させて「まく」の形で用いられる未然形「ま」がありますが、これは別に説明することができます。また、「らし」には上代「こそ」の結びに「らしき」という形があったとか、「じ」には語形変化がないというようなことがありますが、「らし」にも「じ」にも連体形相当や已然形相当の用法はあります。したがって、ここでは、同じ語形であってもある活用形相当の用法を持つものはその活用形と考えることにしましょう。

さて、ご質問の内容は、これらの助動詞が、

(1)未然形・連用形・命令形の三つの活用形を持たないことの理由

(2)終止形・連体形・已然形の三つの活用形を持つことの理由

の二つに分けて考えるのがよいと思います。

未然形は、その呼称の通り、未だ然らざる事態、まだ実現していない現象、の表現にあずかる活用形です。推量や仮定はそういう事態についての表現ですから、「む」や「ば」は未然形に下接するのです。しかし、推量自体が未だ然らざる事態となるということはありません。推量は、表現主体の判断の一つであって、事態ではありません。

連用形には、①中止法、②連用法（副詞法）、③助動詞・助詞を下接させる用法の三つの用法があります。①は用言及び用言的語性を持つ一部の助動詞の連用形に限られる用法です。②

は状態的あるいは程度的・評価的な意味を持つものだけに可能な用法で、形容詞や形容動詞の連用形に主として認められるものです。推量には副詞法は考えられません。③は連用形に下接する助動詞・助詞の一つ一つに当たってみれば明らかですが、いずれも推量の助動詞には下接しません。理由は長くなるので説明できませんが、推量の助動詞は、①②③のいずれの用法も持たないので、連用形がないのです。

命令形を持たないのは推量の助動詞だけでなく、動詞的語性を持つ助動詞以外の助動詞はすべて命令形を欠くのです。ただ、推量という点からその理由を説明すれば、推量も命令もともに主体的なもので、両者は択一的関係にあり、推量の命令とか命令の推量とかはあり得ないということになりましょう。

次に、⑵について考えてみましょう。終止形・連体形・已然形は、いずれも終止法を持つ活用形です。終止形が終止法を持つことは言うまでもありませんが、連体形は係助詞「ぞ」「なむ」「や」などの結びとして、あるいは連体形終止法として、終止する用法を持っています。また、已然形は「こそ」の結びとして、終止する用法を持っています。

そして、推量の助動詞も、もちろん終止法を持っていますが、上記のような連体形・已然形による終止法のすべてを持っているのです。以上で、推量の助動詞（というよりも、活用語一般）が終止形・連体形・已然形を備えていることの理由は説明できたことになります。

以上で(2)の説明はできたことになりますが、終止形・連体形・已然形にはその他にもいろいろの用法がありますので、推量の助動詞が、それらのうちの、どういう用法を持っているか、それによってどの活用形が必要になるのかを見てみましょう。

終止形には、①終止法、②助動詞・助詞を下接させる用法がありますが、推量の助動詞が終止法を持つことについては説明しました。②では推量の助動詞に下接する助動詞はありませんが、助詞には終助詞「や」「か」などがあります。

連体形には、①終止法、②連体法、③準体法、④助動詞・助詞を下接させる用法などがありますが、推量の助動詞の連体形は、①から④までのすべての用法を持っています。ただし、④では助動詞を下接させる用法はなく、「か」や、「を」「に」「が」などの助詞を下接させる用法だけです。

已然形には、①終止法、②助詞を下接させる用法（完了の助動詞「り」は命令形に下接すると考えます）がありますが、①については、すでに説明しました。②には接続助詞「ど」「ども」や係助詞「や」「か」などを下接させる用法があります。

以上で(2)についての説明は終わりです。ただ、推量の助動詞は、それぞれの活用形の用法のすべてをとれるわけではありません。なぜその用法がとれるのか、なぜその用法はとれないのか、という理由について、説明する必要があります。たとえば、連体形の連体法や準体法をとれるのはなぜか。「む」「らむ」「けむ」の已然形は、「ど」「ども」などを下接させて逆接の確定条件句を構成することはできるが、「ば」を下接させて順接の確定条件句を構成することはできない（「めり」「なり」「まし」などはできる）。それはなぜか。こういう理由が解明されることによって、推量の助動詞の性質が一段と深く理解されることになるのですが、ここには、そこまで説明する紙幅がありません。

また、推量の助動詞と呼ばれるもののうち、「べし」「まじ」などは、命令形以外のすべての活用形を持っており、「めり」「なり」などには連用形が、「まし」には未然形とおぼしい活用形（実はこれは已然形と見るべきもの）があります。

そして、過去の助動詞「き」「けり」も終止形・連体形・已然形の三つの活用形しか持っていませんが、その理由も関連させて説明されなければなりません。現代語の推量の助動詞「う」「よう」「だろう」「まい」などが終止形と連体形しか持っていないことの理由も同様です。詳しくは、拙著『日本語助動詞の研究』（大修館書店刊）の四四一ページ以下に書いてあります。ご参照ください。

Q6 過去の助動詞の活用形はなぜ三つか？

Q5で質問のあった推量の助動詞と同様に、過去の助動詞「き」「けり」にも「き・し・しか」「けり・ける・けれ」のように、三つの活用形しかありません。その理由を説明してください。

A 古典文法のテキストの助動詞活用表には、未然形を括弧に入れて示しているものもありますが、「せ」も「けら」も、特別に説明することができるものであり、用例も多くありません。過去の助動詞「き」と「けり」の活用形は、終止形・連体形・已然形の三つが中心です。それは用例を調べてみれば容易に分かることです。

	未然形	連用形	終止形	連体形	已然形	命令形
き	(せ)	○	き	し	しか	○
けり	(けら)	○	けり	ける	けれ	○

しかし、なぜ三つの活用形しか用いられないのか、未然形・連用形・命令形の三つの活用形はどうして用いられないのか。その理由が分かると、過去の助動詞の性質がより明確になると

思います。

そこで、推量の助動詞の場合にならって、

⑴未然形・連用形・命令形の三つの活用形を持たないことの理由

⑵終止形・連体形・已然形の三つの活用形を持つことの理由

の二つに分けて考えてみることにしましょう。

まず、⑴の未然形についてですが、これには、「き」に、

一つ松人にありせば太刀《たち》佩《は》けましを衣《きぬ》着せましを（古事記・景行）

根白の白腕《しろただむき》に枕《ま》かずけばこそ知らずとも言はめ（古事記・仁徳）

などの、未然形あるいは未然形とおぼしい「け」「せ」という形があり、「けり」にも、

佐美の山野の上《へ》のうはぎ過ぎにけらずや（万葉・二・二二一）

のような「けら」の形がありますので、この活用形がないとは言えません。しかし、これらは、用法も狭く、用例もきわめて限られていますし、存在する理由を別に説明することもでき

ますので、大筋の説明の対象からは外すことにします。

未然形は、その呼称の通り、未だ然らざる事態、まだ実現していない現象、の表現にあずかる活用形でした。過去の事態は既定のものであって、未実現の事態ではありません。「き」は過去の事態を表し、「けり」は過去から現在に至る事態を表すという違いはありますが、両者は、現在以前の、既定の事態を表すという点では共通しています。既定の事態を表す語に、未実現の表現にあずかる活用形が存在しないのは、むしろ当然のことでしょう。

次に、連用形についてですが、これも推量の助動詞に準じて説明することができます。つまり、連用形には、①中止法、②連用法（副詞法）、③助動詞・助詞を下接させる用法の三つの用法がありますが、「き」と「けり」にはこれらの用法がすべてないのです。①は用言及び用言的語性を持つ一部の助動詞の連用形に限られる用法です。②は状態的あるいは程度的・評価的な意味を持つもの、つまり、形容詞・形容動詞あるいは形容詞・形容動詞的な意味を表す助動詞だけに可能な用法です。しかし、「き」「けり」は、用言的な語性も持たないし、状態的あるいは程度的・評価的な意味も表しません。ですから、①②の用法は持たないのです。③の連用形に下接する助動詞・助詞は数が多くて、「き」「けり」に下接しない理由を、一つ一つに当たって説明することはかなりの紙幅を要しますので、ここではできませんが、過去の助動詞の連用形には③の用法はないのです。

命令形を持たない理由は、前回も述べましたが、推量や過去の助動詞だけでなく、動詞的語性を持つ助動詞以外の助動詞はすべて命令形を欠くのです。命令は動作を相手に命令するものです。ただ、過去の助動詞が命令形を欠くことの理由を特別にあげるならば、命令は未実現の事態についてだけ可能なのであって、過去という既定の事態については命令の表現は不可能だからだということになりましょう。

次に(2)の理由についてですが、これも推量の助動詞の場合とほぼ同じことが言えます。終止形・連体形・已然形は、いずれも終止法を持つ活用形です。終止形が終止法を持つことは説明するまでもありませんが、連体形は係助詞「ぞ」「なむ」「や」「か」などの結びとして、あるいは連体形終止法として、また、已然形は「こそ」の結びとして、終止する用法を持っています。

過去の助動詞も、もちろん終止法を持っています。用例は一々あげませんが、上記のような終止形・連体形・已然形による終止法をすべて持っています。

以上で、(2)についての必要条件的な説明はできたことになりますが、終止形・連体形・已然形には終止法以外にもいろいろの用法がありますので、過去の助動詞がそれらのうちのどういう用法を持っているかを見ておきましょう。

終止形には、①終止法、②助動詞・助詞を下接させる用法があります。過去の助動詞が終止法を持つことについてはすでに説明しました。②では「き」が終助詞「や」「やは」などを、「けり」が終助詞「な」「や」などを下接させます。ただし、下接させる助動詞はありません。

連体形には、①終止法、②連体法、③準体法、④助動詞・助詞を下接させる用法などがありますが、過去の助動詞の連体形は①から④までのすべての用法を持っています。④の下接する助詞は接続助詞、終助詞合わせてたくさんあります。ただし、助動詞は「なり」だけです。

已然形には、①終止法、②助詞を下接させる用法があります。過去の助動詞が①の用法を持つことはすでに説明しましたが、②には接続助詞「ば」「ども」などを下接させる用法があります。

以上で(2)についての説明は終わりです。ただ、そういう用法の存在する理由についての説明がまだで、その理由が明らかになると、もっと過去の助動詞の性質が分かるのですが、これについては、詳しくは拙著『日本語助動詞の研究』（大修館書店）の四七六ページ以下をご覧ください。

Q7 「打消」か「否定」か？

文法の授業中に、「打消の助動詞」は「否定の助動詞」と呼ぶべきではないかと生徒に質問されました。どちらが正しいのでしょうか。

A 助動詞の「ず」は、「打消の助動詞」と呼ぶのがいいか、「否定の助動詞」と呼ぶのがいいかというご質問です。高校用の古典文法テキスト三十五冊を調べてみましたら、一冊を除いて三十四冊は、「打消の助動詞」と呼んでいました。ただ、三十四冊のうち、意味についての説明のところで、「打消〔否定〕」のように「否定」を括弧に入れて示しているものが一冊、「動作（や状態）を否定する」のように、「打消す」とせず「否定する」と記述しているものが四冊ありました。

否定派の一冊は、「動作に関するいろいろな言い方」という章の中に「否定の言い方」という節を設けて説明しているのですが、「ず」を、「否定（あるいは、打消）の助動詞」と呼んでいます。つまり、「打消」という呼称も紹介しています。

以上のように、高校の文法テキストにおいては、「打消」とするものが圧倒的に多数ですが、中学校の教科書ではどうなっているでしょうか。中学校では、①学校図書、②教育出版、

③三省堂、④東京書籍、⑤光村図書（以上五十音順）の五社が国語の検定教科書を出していますが、①②④の三社が「打消」で③⑤の二社が「否定」です。③⑤は、「または」の形で「打消」の呼称も示していますが、代表的呼称は「否定」です。「まい」については、「否定の意志」「否定の推量」とだけ呼び、「または打消の…」というような注記はありません。教科書の種類では「打消」派の方が三対二でやや優勢ですが、採択数では「否定」派の方が逆に優勢です。質問した生徒も、中学校で「否定」と習ってきたのでしょう。

英語の授業の影響があるかも知れません。英語の教科書を調べている余裕はありませんが、辞書や専門書では「否定」の方が一般的のようですから。

教科書の種類が少なく検定もある中学校の教科書の方が両派に分かれており、テキストの種類が非常に多くしかも検定のない高校の古典文法テキストの方がほとんど例外なく「打消」に統一されているというのは、いささか不思議な気がします。助動詞の意味による名称は、漢語によるものが多く、和語のものは、「受身」とこの「打消」くらいのものです。また、「断定」「推定」「仮定」などという述語もあるのですから、「否定」と呼ぶテキストがもっとあってもいいように思われます。しかし、実態は、右に見た通りです。

従来の文法論ではどうなっているのでしょうか。大槻文彦博士、山田孝雄博士、松下大三郎博士、橋本進吉博士、時枝誠記博士など、代表的な文法論は、すべて「打消」と呼んでいます。明治のころから「打消」の方が断然優勢で、それが高校の文法テキストに、無意識の場合もあるでしょうが、反映しているのでしょうか。

以上で、ご質問に対する回答は終わりですが、実は、私個人は、「打消」「否定」のいずれの呼称にも、しっくりしない気持ちをもっているのです。「打消す」とか「否定する」とかするのは、誰なのでしょうか。それは、当然表現主体（話し手や書き手）ということになりましょう。しかし、そうでしょうか。たとえば、

風はげしく吹きて、静かならざりし夜（方丈記・安元の大火）

の「ざり」は、静かであることを表現主体が打消しているのでしょうか。違います。「静かならず」は「〔非〕静かなり」あるいは「〔反〕静かなり」ということです。「騒がし」などの形容詞に相当する表現です。つまり、「ず」は、「静かなり」という状態を表現主体が打消す意を表しているのではなく、「静かなり」という状態の反対の状態を表しているのです。

時枝誠記博士は、「雨は降らず」という例をあげて、「雨が降ることを話手が否定すると考へることは、出来ないであらう。」と述べています。(注)これは、その通りです。しかし、続いて、

打消或は否定といふことの意味は、（中略）存在の事実に対応するところの判断であると見なければならない。今、話手が云はうとする「雨は降る」といふ思想は、実際に実現してゐる事実でなく、非存在の事実である。非存在の事実を、非存在の事実として表現する場合に用ゐられる判断が、打消の助動詞である。それは、仮想された事実の判断に、「む」「らむ」が用ゐられるのと同じである。（傍線北原）

と述べているところは、賛同できません。「ず」は、時枝博士の言葉（傍線部分(1)）を借りて言えば、「非存在の事実」を表現するものであって、その事実に「対応するところの判断」は表さないと考えるべきです。傍線部分(2)も理解できない変な定義です。傍線部分(3)についても、「む」「らむ」は、「仮想された事実の判断」を表すのではなく、「事実を仮想する」という仮想判断を表すと考えるべきです。時枝博士は、「ず」も「む」「らむ」と同様に表現主体の判断を表すものだと誤って考えたため、説明に無理が生じているのです。「む」や「らむ」は、表現主体が推量する意を表すのですから「推量の助動詞」と呼んで全く問題がありません。しかし、「ず」の場合は、誰も打消したり否定したりしているわけではありませんから、「打消」とか「否定」とかいう意志的動詞の名詞形は、しっくりしないのです。

「打消」にしろ「否定」にしろ、あまりにもポピュラーな呼称ですし、これに代わりうるいい名称も思い当たりませんので、新しい名称の提示はしませんが、「ず」の表す意味を正しく理解しておくことの大切さだけは強調しておきたいと思います。

注　時枝誠記『日本文法　文語篇』（岩波書店）一三一ページ以下

Q8 「だろう」は連語か助動詞か？

明日は晴れるだろう。

の「だろう」は一語の助動詞と見るべきものでしょうか、それとも「だろ」に「う」がついたものと見るべきものでしょうか。ご教示ください。

A お尋ねのように、「だろう」については、これを一語の助動詞と見る考えと、断定の助動詞「だ」の未然形「だろ」に推量の助動詞「う」の下接した連語と見る考えとがあります。「だろう」には、例にあげられた、

(1)明日晴れるだろう。

のように、動詞に下接するもののほか、

(2)北国の冬は寒いだろう。

のように、形容詞に下接するもの、

(3)彼はまだ学生だろう。

(4)それはまたどうしてだろう。

などのように、名詞や副詞などに下接するものもあります。また、

(5)海は静かだろう。

のように、形容動詞の未然形に推量の助動詞「う」の下接した「だろう」も同じ意味を表します。

断定の助動詞「だ」は、

(6)彼はまだ学生だ。

(7)それはまたどうしてだ。

などのように、名詞や副詞などに下接します。ですから、(3)や(4)の「だろう」は、断定の助動詞「だ」の未然形「だろ」に推量の助動詞「う」が下接したものと見ることができます。
しかし、一方、断定の助動詞「だ」は、動詞や形容詞には下接することができません。

(8) *明日は晴れるだ。
(9) *北国の冬は寒いだ。

などとは、少なくとも共通語では言えません。つまり、動詞や形容詞には、「だ」は下接することができませんが、「だろう」は下接することができるのです。ですから、(1)や(2)の「だろ」は、断定の助動詞「だ」の未然形だとは、簡単に言えません。接続の仕方という点を重視すれば、動詞や形容詞に下接する「だろう」は、（もともとは「だろ」＋「う」ではありますが）、「だ」とは違った接続の仕方をするのですから、一語の助動詞だとする見方にも十分理があります。

　世の中の常識はどうなっているのでしょうか。手もとにある小型の国語辞典七種について調べてみました。その結果は、「だろう」を助動詞としないもの五種、「だろう」を項目として立てないもの一種で、助動詞としているのは一種だけでした。「だろう」を助動詞としないもの五種のうち二種では連語という表示をしています。

それでは、教育の現場ではどうなっているのでしょうか。中学校の国語教科書は五社から出されていますが、そこでの扱いについて調べてみましょう。

A社は、「だろう・らしい・ようだ・そうだ」という見出しで、「だろう」をそのグループのトップにあげ、助動詞としています。

B社は、「だろう」を助動詞の項目にはかかげていませんが、「意志・推量の助動詞〔う・よう〕」の項で、「推量を表す場合には、『だろう』を使うことが多く、『う』『よう』はあまり使われません。」と説明し、「断定の助動詞〔だ・です〕」の項では、「『明日も晴れるだろう（でしょう）。』のような、体言以外の語につく『だろう』や『でしょう』は、一語の推量の助動詞としてみなすこともできます。」という説明を加えています。

C社は、「推量の助動詞う・よう・まい」の項に、「もうじき台風の季節も終わろう。」「明日は晴れよう。」の例をあげ、注として、「ふつうの話し言葉では、右のような言い方の代わりに、次のような言い方が主に使われる。」と述べ、「もうじき台風の季節も終わるだろう。」「明日は晴れるだろう。」という例をあげています。

D社は、「〈意志・推量〉う・よう」という項に、四つの例のうちの一つとして「ぴたり命中するだろう。（推量）」という例をあげていますが、何も説明はしていません。しかし、「う」

だけに傍線を引いていますので、「だろう」を連語と見ているものと思われます。
E社は、設問形式ですが、「う・よう」の意志・推量の例をあげているだけで、「だろう」についてては全く触れていません。

国語辞典に比べると、国語教科書の方に助動詞と見る傾向が強いと言えそうです。A社、B社、そしてC社までを加えると、教科書の採択数から見て、中学生の八、九割が「だろう」を助動詞あるいはそれに近いものとして学んでいることになります。

ちなみに、B社やC社が注意しているように、推量を表す場合には、「う」「よう」よりも「だろう」の方が使われることが多いのです。「う」「よう」は、特に話し言葉では、意志を表すのが一般です。以前、天気予報で、

(10)明日は晴れましょう。

と言っていましたが、これが変に聞こえたのはそのためです。

現状は以上に紹介したようなところです。そこでご質問に対する答えですが、やはり文法では形式を重視すべきではないかと考えます。接続の仕方の違いを重視して、(1)(2)などのように動詞、形容詞に下接する「だろう」は、助動詞と認めていいと考えます。しかも「う」「よ

う」と「だろう」とは、表す意味の上でも、意志と推量をそれぞれが分担し、対立し相補うような関係の存在になっています。

名詞などに下接する「だろう」は、これまた接続の仕方を重視して、「だろ」に「う」の下接した連語と見るのが理にかなっているように考えます。

それでは整合性に欠けるではないかという異論もありましょうが、「だろう」は、(5)のような形容動詞に「う」の下接した「だろう」も含めて、「にてあらむ」が変化して成立した形であり、名詞などに下接するだけでなく動詞や形容詞にも下接するのは、断定の助動詞「なり」の接続の仕方を継承しているのです。

Q9 「なりけり」の「なり」は推定・伝聞か？

ある高校用古典文法テキストに、推定・伝聞の助動詞「なり」の例として、

障子を五寸ばかりあけていふなりけり。

があげられていました。これは断定の「なり」ではないでしょうか。

A 周知のように、助動詞「なり」には二種類あって、活用語に下接する場合、その終止形に下接するものは推定・伝聞の助動詞であり、その連体形に下接するものは断定の助動詞であるというのが、今日の通説です。（通説だというのは、強烈な反対論もあるからです。）ただ、二段活用やカ変・サ変などのように終止形と連体形の形が異なる場合は問題ないのですが、四段活用・上一段活用・下一段活用などのように二つの活用形が同形である場合やラ変型活用語の場合は、形態の上から判別することができないので、別の基準によらなければなりません。

ご質問の「いふ」の場合も、四段活用で、終止形と連体形とが同形ですから、問題が生じるのです。推定・伝聞の助動詞「なり」は、語源が「音《ね》あり」「音《な》あり」などだとされ、聴覚的に推定する意を表すものであり、「いふ」は音声にかかわる動作を表す語であるところから、この文法テキストでは、伝聞・推定の例だと判断したようです。

しかし、この「なり」を推定（伝聞ではありえない）と考えると、この例文はどのように解釈されることになるのでしょう。「けり」はどんな意味になるのでしょうか。

この例文について考える前に、一般論として述べておかなければならないことがあります。それは、文法と解釈との関係についてです。解釈が先にあって、それに従って文法的な説明がなされるのではありません。文法が先にあって、それに従って解釈が行われるのです。文法という枠がなければ、解釈は恣意的なものになる恐れがあります。

現行の高校用文法テキスト三十余種を調べてみました。四段活用やラ変型活用の語に下接する場合の識別、判別について、特別に取り上げているものは、あまり多くありませんが、

①その識別は前後の意味関係によらなければならない。（N社）

②これは、前後の文意から判断する。（N社）

③その場合は、文脈から判断するしか方法はない。（K社）

④「伝聞・推定」か「断定」かを前後の文意から判定する必要がある。（K社）

⑤前後の意味によく注意して判断すること。声・音・噂などの先行する文脈であれば、この伝聞・推定の助動詞である。（O社）

のように説明しているものがあります。短く引用しましたが、いずれも原文のままです。驚くことに、すべてのテキストが、前後の意味によって判断するように書いています。しかし、これは大変おかしいことです。解釈が先で文法が後になっています。この質問の例でいえば、《前後の意味によれば推定の意味になるところだ。だからこの「なり」は推定・伝聞の助動詞だ。したがって「いふ」は終止形だ。》という推理です。これでは、文法が解釈のために役立っていません。逆に、解釈が文法のために役立っていることになります。

助動詞「なり」には二種類のものがあるということを理解するだけでも、確かに解釈のために役立ちます。接続の上からは判別できない場合でも、二種のうちのどちらであるかを考え、よりいい方の解釈を選ぶということになりますから、解釈に役立ちます。しかし、形態の上で、つまり文法的に、二つを判別する基準が他にあったら、もっといいでしょう。事実あるのです。ご質問の「なりけり」は、活用語の連体形に下接し、この「なり」は断定の「なり」であるということが、前後の意味などによらずとも、確言できるのです。どうして確言できるか。それは、二段活用やカ変・サ変など終止形と連体形の形が異なる活用語に「なりけり」が下接した場合を調べてみれば明らかだからです。すべて連体形に下接しています。こういう事実からすれば、「いふ」のような場合も「なりけり」は連体形に下接していると推理されます。《連体形に下接しているから、この「なり」は断定の助動詞である。》このように文法から解釈へと進むことができるのです。

二つの「なり」を判別する文法的な基準は他にもたくさんありますが、詳しくは拙編『全訳古語例解辞典』（小学館）の「なり」の項の「要点」などをご参照ください。(注) 前掲⑤のテキストには、前掲部分に続いて、

⑥「なるなり」と助動詞「なり」が二語重なる場合は、「なるめり」「なるらし」「なるらむ」など、推量の助動詞が下接する傾向からして、上が断定、下が推定の助動詞ということである。（O社）

という説明があります。これは「なるなり」（実際には「なんなり」が多い）についての説明ですが、「なる（ん）なり」「なる（ん）めり」「なるらし」「なるらむ」などはいずれも連体形に下接していて（前述「なりけり」の場合と同じ手続きにより推理）、上の「なり」はすべて断定の助動詞です。意味の上から見ても、「〜なり」と断定し、次に推量しているのです。「なりけり」も同様です。「〜なり」と断定して「けり」で気づいたことを驚きを込めて表現しているのです。「なりけり」の「けり」は「めり」「らし」「らむ」などと同類の表現にあずかっているのです。

ご質問の例文について、「なり」が断定の助動詞だと文法的に判定されましたので、解釈を考えてみましょう。ここで初めて文脈の中に置いてみるわけです。

あやしくかればみ騒ぎたる声にて、「……」と、あまたたびいふ声にぞおどろきて見れば、几帳の後ろに立てたる灯台の光はあらはなり、障子《さうじ》を五寸ばかりあけていふなりけり。いみじうをかし。（枕草子・大進生昌が家に）

「おどろきて見れば……いふなりけり」と続いています。「あらはなり」で句点とする本もありますが、それでも意味は続いています。「見たところ……といっているのでした」とでも解釈するところでしょう。もし、推定の「なり」を入れるとしたら、「いふなる声にぞ」のあたりにこそふさわしいでしょう。解釈を極端に優先すると、推定・伝聞の「なり」のないところに、勝手に補ったのと同じようなことになります。解釈は表現されている語句を文法的におさえて、その枠の中で行われなければなりません。

注　より詳しくは、北原保雄「〈終止なり〉と〈連体なり〉―その分布と構造的意味―」『国語と国文学』四三巻九号（昭和四一年九月）を参照。

Q10 「伝聞推定」という推定はあるか？

ある古語辞典の「なり」の項に、「聴覚推量」「伝聞」のほかに、「伝聞推定」の意味があげられていますが、「伝聞推定」という推定はあるのでしょうか。

A そうですね、この辞典の「なり」の項には、①聴覚推量、②聴覚判断、③伝聞、④伝聞推定の四つの意味があげられています。ご質問の主旨は、①と②は「推定」に相当すると思われるし、③は「伝聞」であって、ここまでは分かるが、④の「伝聞推定」という推定はあるのだろうかということだと思います。活用語の終止形に下接する「なり」は、一般に「伝聞・推定の助動詞」と呼ばれています。ここで大切なのは、「伝聞」と「推定」の間に「・」（ナカグロ）が入っているということです。「伝聞」と「推定」の二つの意味を表すということであって、「伝聞推定」という推定の意味を表すということではないということです。

高校用の古典文法のテキストではどうなっているでしょうか。手もとにある三十六冊について調べてみましょう。

伝聞・推定の助動詞　二十三冊

推定・伝聞の助動詞　六冊
推定伝聞の助動詞　一冊
推定の助動詞　一冊
その他　五冊

三十六冊のうち、二十九冊に「・」（ナカグロ）が入っています。そして、入っていない一冊も、推定の助動詞とする一冊も、伝聞と推定の二義をあげて説明していて、「伝聞推定」という推定は立てていません。その他の五冊は、「なり」についての呼び方を示していないものですが、これらにおいても、伝聞と推定の二義に分けて説明がなされています。以上を要するに、高校用の古典文法テキストにおいては、「伝聞推定」という推定の意味を立てているものは一冊もないということです。

さて、「伝聞推定」というのはどういう推定のことなのでしょう。この辞典の説明によれば、

伝聞の知識に基づき、推量する意を表す。

ということだそうです。「伝聞の知識」という表現が適切なものであるかどうかという議論はひとまず措きましょう。推定は、いろいろな根拠に基づいてあるいは根拠なしにもなされるものですから、伝聞した事柄が推定の根拠になる場合もありましょう。そして、それを「伝聞推定」と呼ぶのであれば、確かに「伝聞推定」という推定はあります。

しかし、「なり」が伝聞・推定の意味を表すという場合の伝聞は、伝え聞いたこととして述べるという意味です。それは推定とは相容れないものです。話し手（書き手）が推定をすれば、伝え聞いたということではありませんし、伝え聞いたということであれば、推定することにはなりません。推定と伝聞とは、文末の表現において二者択一の関係にあるのです。伝え聞いた事柄（伝聞の知識）と伝え聞いたこととして述べるということは、全く別のものなのです。

この辞典で、「伝聞推定」の用例としてあげているのは、

さては、扇のにはあらで、海月《くらげ》のななりと、聞こゆれば（枕・中納言まゐりたまひて）

で、「それでは、扇の骨ではなくて、くらげの骨であるようですねと、申し上げると。」という

訳がつけられていますが、これがどうして、「伝聞の知識に基づき、推量する意を表す」ということになるのでしょう。これは伝聞などではなく、目の前にいる相手の話を基にして推定する意を表している例です。

この辞典では、③伝聞について、

　耳で聞いた情報による判断で、未確認の事柄であることを表す。

と説明しています。伝聞が「未確認の事柄であることを表す」ものであるという説明も変ですが、「耳で聞いた情報による判断で」というのは、もっと首肯できません。「耳で聞いた情報」というと、いかにも直接耳で聞いたもののように読めますが、伝聞というのは、むしろ離れていて耳では聞こえないようなところから、噂のように、伝え聞くことをいうのです。そして、「なり」の表す伝聞は、「耳で聞いた情報による判断で」ではなく、「耳で聞いた」ということ自体をいうのです。

この辞典の「なり」の項目を見ていると、他にもいろいろ気になるところがあります。「推定」と「推量」を区別していないらしいところもその一つですが、「読解のために」という欄の(3)に、

「…という」「…といわれる」の意を表す連語の「てふ」（上代では「とふ・ちふ」）を用いての伝聞は直接話法の伝聞であるのに対して、「なり」による伝聞は、そういう内容のことを伝え聞いているという間接話法の伝聞であるという相違がある。

とあるのは、どういうことでしょう。例えば、

青柳《あおやぎ》を片糸に縒《よ》りて鶯《うぐひす》の縫ふてふ笠は梅の花笠（古今・一〇八一）

の傍線の部分は、ほんとに直接話法といえるものでしょうか。また、「なり」は伝え聞くの意であって、言うとか話すの意ではありません。それをどうして話法といえるのでしょうか。伝聞に話法の区別を持ちこむことがそもそも問題です。

話がいささかそれてしまいましたが、結論は、「なり」に「伝聞推定」という意味は立てなくてよい、ということです。私はそういう思い違いをされることを防止するために、以前から「推定・伝聞」というように順序を逆にして呼ぶことにしています（『古典にいざなう新古典文法』大修館書店、『全訳古語例解辞典』小学館など）。意味の派生順からいっても、むしろこの順が

正しく、これなら「推定伝聞」という伝聞があるなどと誤解する人も出てこないでしょう。今回文法テキストを調べてみて、私のものの他に五冊もこの順にしているものがあることを初めて知りました。

Q11 「連体なり」にはなぜ連体法がないのか？

連体形に下接する「なり」には連体法がないということですが、その理由を教えてください。

A 助動詞「なり」には、接続の面から見ると、①終止形に下接するもの（以下、「終止なり」と略称）、②体言に下接するもの（同、「体言なり」）、③連体形に下接するもの（同、「連体なり」）の三種類があります。①は推定・伝聞の助動詞、②と③は断定の助動詞と呼ばれるものです。①と②③との違いはどの古典文法テキストにも書かれていますが、②と③の違いについて説明しているものは見当りません。しかし、②「体言なり」と③「連体なり」の間にもいろいろの違いがあるのです。例えば、「体言なり」には、

(1)係助詞「ぞ」「なむ」「こそ」などの結びとして連体形や已然形で結ぶ用法

女の御さまも、げにぞめでたき御盛りなる。（源氏・賢木）

身こそかくしめの外《ほか》なれ。（源氏・絵合）

(2)助動詞「き」を下接させる用法

あやしうおぼえぬさまなりし御ことなれば（源氏・夕顔）

などの用法がありますが、「連体なり」にはこれらの用法はありません。

(3)連体形による連体法の用法

壺なる御薬奉れ。（竹取・かぐや姫の昇天）

姉なる人のよすがに（源氏・帚木）

もその一つで、「体言なり」だけにあって「連体なり」にはない用法です。

したがって、ここでは、(3)の用法が「連体なり」にはなぜないのか、「体言なり」にはなぜあるのか、の二点が問題になりますが、ご質問は「連体なり」についてのものですので、前者についてまず考えてみることにしましょう。

世には、心得ぬことの多きなり。（徒然・一七五）

という実例がありますから、この例文で考えてみましょう。この文は、

世に　心得ぬこと　多し。

をもとに、「…は…なり」構文を作ったものと考えることができます。

心得ぬことは、世に多きなり。

という「…は…なり」構文を作ることもできます。「連体なり」は、断定とか指定の意味を表すといわれますが、あるものについて、これこれなのだ、と説明する意味を表すという方がより正しいでしょう。『徒然草』の例でいえば、「この世の中についていえば、得心の行かないことが多いのだ。」というような意味です。「世に」を取り上げて主題にし、それについて「心得ぬことの多き」と説明している文です。これを形式化して、

Ｓは、Ｐなり。

と表すことができるでしょう。現代語では、「のだ（のである）」がほぼ相当すると考えていいと思います。

そこで問題は、

心得ぬことの多き　世

世に多き　心得ぬこと

などの表現は普通に存在するが、

心得ぬことの多きなる　世

世に多きなる　心得ぬこと

のような表現はない、それはなぜなのか、ということです。現代語でも、

得心の行かないことが多いのである　この世

という表現は変です。

その理由は、やはり「連体なり」が説明の意味を表すものだからだということに帰します。

ここで、「連体なり」の表す説明という意味について、改めてしっかりと確認しておかなくてはなりません。前に述べたことの繰り返しになりますが、それは、主題についての説明なのです。「SはPなのだ」と説明する説明なのです。「Sは」に相当する表現がなく、「Pなり」だけであっても説明であることに変わりはありません。

言葉を替えて言えば、「主題＝説明」というのは、

《　》

という表現に、

《　》は《　》なり

のように枠をはめるものであり、「は」や「連体なり」は、《　》の中の表現とはレベルを異にするものです。そして、連体修飾の関係は《　》の中のレベルにおいて行われるということです。これで、「連体なり」の連体形が連体法に立てないことの理由が説明できたことになります。

「連体なり」は主体的な表現だから連体法に立てないのだと考えるのは誤りです。主体的表現の助動詞、たとえば、「む」「らむ」「終止なり（推定・伝聞）」などにも連体法に立つ用法はありますし、そもそも「連体なり」は主体的表現の助動詞ではないと考えられるからです。私は「連体なり」は形式動詞であると考えています。

さて、それでは、「体言なり」はどうして連体法に立てるのでしょうか。「体言なり」には大きく分けて二つのものがあります。その一つは「壺なる御薬」の「なる」のように存在を表すものです。現代語では「にある」が相当するでしょう。この「なり」は「に＋あり」と分解されることもあり、動詞の「在り」が連体法に立てることと同様に考えていいでしょう。もう一つは「姉なる人」のように断定を表すものです。現代語では「である」が相当するでしょう。「連体なり」にも現代語では「である」が相当しますが、「体言なり」が「連体なり」と決定的に異なるのは、関係構成の働きをまったく持たない体言にそれを添加して、用言相当のものにするという点です。その点で、「体言なり」は形容動詞の活用語尾の「なり」に近似しています。形容動詞には冒頭にあげた(1)から(3)の用法がすべてありますが、「体言＋なり」も用言相当ですから、これらの用法がすべてあってもいいことになります。

ただ形容動詞と比べると、「体言なり」の連体法は用例も少なく、いわゆる非制限用法に限られているようです。

Q12 「過去」か「回想」か？

助動詞の「き」「けり」の意味について、「過去」としているものと、「回想」としているものとがありますが、どちらが正しいのでしょうか。

A まず実態から調べてみましょう。手もとにある高校用古典文法テキスト三十七冊の内訳は、次のようになっています。

「過去」とするもの	二十五冊
「過去（回想）」とするもの	四冊
「回想（過去）」とするもの	六冊
「回想」とするもの	二冊

この内訳から見ると、助動詞「き」「けり」の意味は「過去」であるとするテキストが圧倒的に多いということになりますが、問題はそれほどに単純ではありません。「過去」の助動詞とするものの中にも、「回想の助動詞ともいわれる」と説明しているものや、

ある動作・事柄が過去にあったことを、話し手の経験として回想して述べる。

のように、意味の説明の中に「回想」ということばを用いているものが十七冊もあります。ですから、「回想」ということばを全く使わずに「過去」とだけしているテキストは、八冊だけということになります。

そういうことで、ラベルは「過去の助動詞」とするが、その説明は、過去のことを回想して述べる、あるいは回想的に述べるなどとしているものが、大勢を占めているということになります。

しかし、ここで、「過去」と「回想」とは似て非なるものであるということを、再確認しておく必要があります。「過去」は、現在、未来と対応するテンス（時制）であり、「回想」は、話し手が過去を思い起こすという主体的なことで、モダリティ（話し手の心的態度）に属するものです。したがって、回想して述べるとか、回想的に述べるとか説明するのであれば、「回想の助動詞」とラベリングした方が整合性があるということになります。

「回想」というとらえ方を最初にしたのは、山田孝雄博士です。山田博士は、

この「き」は従来過去をあらはすものと称せられたり。然れども、こは過去をあらはす

といふよりも、過去時にありし出来事を心内に回想したるその回想作用を言語にて発表したるものなり。これを以て、過去をあらはすものといはず、進みて回想をあらはすものとせるは恐らくは著者一人ならむ。しかも余は断じてこの説をとるなり。（注1）

と述べて長大な論を展開し、日本語のみならず、西洋語についても、文法上の「時」を否定し、回想は「法」に属するものだと断じているのです。山田博士の主張するところの論拠を詳しく紹介し、論評する余裕はありませんが、「回想」という術語を用いる場合には、それが法（モダリティ）に属するものだということを承知していることが前提だということは強調しておかなければなりません。

一方、橋本進吉博士は、

「けり」は過去を示す助動詞である。しかし必しもいつも事実として過去にあつた事を示すのではないやうである。過去に経験した事がらをおもひ出す時にもいふのである（一般的真理など）。回想をあらはすともいふべきであらう。さういふところから、詠嘆の意味があるといはれてゐるのであらう。（中略）

「き」の方は、むしろ、事実として過去にあつた事を示すので、客観性がつよく、「け

り」の方は、主観的要素がつよく、低徊するやうな心もちがあるのであらうとおもはれる。(注2)

と述べています。「けり」の一部に過去に経験をしたことを思い出す「回想」の用法はあるが、「き」と「けり」の本義は過去にあったことを示すもので、「過去」であるとしているのです。

時枝誠記博士は、両博士の中間の考え方をしているようです。時枝博士は、

「き」は、回想された事実の判断を表はすに用ゐられる。回想された事実は、過去において成就した事柄であるから、過去の助動詞とも云はれる。(注3)

と述べていますが、この第二文の「回想された事実は、過去において成就した事柄である」というのは、主観的に回想された事実は客観的に存在する事実であるということで、「き」は客観的に過去を表すものだとも言えると考えているように読めます。「き」は主体的な表現である助動詞(辞)であるが、客体的(詞的)な面もあるということのようです。

さて、以上を踏まえて、私の考えはどうかといいますと、橋本博士の考えに近いということ

になりそうです。「き」も「けり」も「過去」を表すが、「き」は客体的であり、「けり」は主体性が強い、という考え方です。それは、いろいろのことから論証することができますが、例えば、断定の「なり」に対して、「き」は上接しかしないが、「けり」は上接も下接もするという違いがあります。断定の「なり」に上接するものは客体的な表現であり、下接するものは主体的な表現であると言えますので、「き」は客体的に過去であることを表すものであり、「けり」には客体的に過去を表す場合と主体的に回想を表す場合があるということが言えます。(注4)

ただ、私も、これまで、テキストなどにおいては、大勢に従って、過去と回想とを明確に区別せずに説明をしてきました。しかし、山田博士の説に引かれ過ぎた解釈は、やはり改めるべきでしょう。

注1　山田孝雄『日本文法論』(宝文館)四〇九ページ
注2　橋本進吉『助詞・助動詞の研究』(岩波書店)三八六ページ
注3　時枝誠記『日本文法　文語篇』(岩波書店)一六一ページ
注4　北原保雄『日本語助動詞の研究』(大修館書店)五九六ページ以下

Q13 助動詞はなぜ形容詞に接続しにくいか？

動詞にはどの助動詞も接続することができますが、形容詞には、受身、使役の助動詞をはじめとして、補助活用が整う以前は、ほとんどの助動詞が接続しなかったと言います。動詞と形容詞の意味には、どのような違いがあり、なぜ助動詞は動詞によく接続し、形容詞には接続しにくいのでしょうか。

A 一口に助動詞といっても、どういうものを助動詞と呼ぶか（定義）、何を助動詞とするか（外延）については、いろいろな考え方があります。ただ、今回は、動詞と形容詞の違いについてのご質問ですから、そちらにはあまり深入りしないことにしましょう。

高校の古典文法で、助動詞として取り上げられるものは、一般には、使役・尊敬（す・さす・しむ）、受身・自発・可能・尊敬（る・らる）、希望（まほし・たし）、打消（ず）、完了（ぬ・つ・たり・り）、過去（き・けり）、断定（なり・たり）、推量（む・らむ・けむ・べし・まし・じ・まじ・らし・なり・めり）などでしょうか。確かに、これらの助動詞は、すべて動詞に接続しますが、形容詞の本活用に接続するものは、ほとんどありません。断定の「なり」が連体形に接続するくらいのものです。

これは、やはり、動詞と形容詞の意味の違いに関係があると考えられます。動詞は動作・作用や存在を表し、形容詞は性質・状態や情意を表しますが、使役・受身・完了・過去などは、動作・作用や存在についていわれるもので、性質・状態や情意とは関係のないものです。たとえば、「書く」という動作については、書かせるという使役、書かれるという受身、そして書いてしまうという完了、書いたという過去などが容易に考えられますが、「白い」という状態には、そういう意味をそえることは考えられないでしょう。

このように説明すると、「白かりき」という言い方があるではないかという反論が出そうです。だから、前もって本活用と断っておいたのです。現代語にも「白かった」という言い方があります。そして、学校文法などでは、「白かり」「白かっ」という補助活用の連用形に「き」「た」が接続したものだと説明します。補助活用が整うと、形容詞にも助動詞が接続するようになると説明されるのです。

それでは、どうして補助活用には助動詞が接続できるのでしょうか。補助活用は、周知のように、連用形に「あり」が接続して熟合したものです。この「あり」は、「形式上の要求・接続上の要求[注1]」から、「語尾における文法機能を補助する目的のために[注2]」介在するものだと説明され、「つなぎの助動詞[注3]」などと呼ばれたりしていますが、これは、あまりにも、「あり」の働きを軽視した説明です。なぜ「あり」でなければいけないのかを考えてみる必要があります。たとえば、「花　白くありき（→白かりき）。」は、「花（…ノ状態デ）ありき」の〔…ノ状態デ〕の部分に「白く」が入ったもので、「白く」は形式動詞「あり」の実質的意味を補足している修飾部分です。「あり」は決してつなぎの助動詞などではありません。文の構造は、「花　白く　咲きき。」と全く同じだと解せられます。違うのは、「咲く」が実質的意味をもつ実質動詞であるのに対して、「あり」は、実質的意味の稀薄な形式動詞であるという点だけです。そして、「あり」は語頭が母音音節であるために「白く」の語尾の「く」と熟合して「かり」となってしまうので、これを形容詞の一つの形のように見なして、補助活用などと整理してしまうのです。

このように、補助活用に、使役・受身・完了・過去などの助動詞が接続できるのは、要するに、存在を表す動詞「あり」にこれらの助動詞が接続することができるからです。「あり」は形式動詞化しても、なお存在の原義をとどめていますし、文構造の上からは、「主格成分＋〔ノ状態デ〕あり」ということで、重要な位置を占めているのです。

他の助動詞について見てみましょう。希望（まほし・たし）も動作・作用や存在について言われるもので、「まほし」「たし」の下接した「行かまほし」「言ひたし」などの全体が形容詞相当になるのです。さらに他の助動詞を下接させる場合には、「あり」の力を借りなければならないところも形容詞と同じです。

打消（ず）も、動作・作用や存在について言われるものです。例えば、「咲かず」は咲くという動作に対して、まだそういう状態にないという意味を表します。つまり、未然の状態ということです。「咲かず」全体が形容詞相当になります。

推量の助動詞にはいろいろのものがあり、一括することはできませんが、やはり、形容詞の本活用には接続しにくいようです。性質・状態や情意についての推量が原理的に不可能であるとは考えられませんし、事実、上代には、

なかなかに死なば安けむ君が目を見ず久ならばすべなかるべし（万葉・一七・三九三四）

の「安けむ」のように未然形「やすけ」に「む」の接続した例もありますが、そういう状態で存在する、その存在を推量する、というのが基本で、だからこそ、右掲のような例は僅少なのだと解せられます。

断定の「なり」は、

誤りといふは、他のことにあらず。速やかにすべきことを、緩《ゆる》くし、緩くすべきことを急ぎて、過ぎにしことの悔しきなり（徒然草・四九段）

の「悔しきなり」のように本活用の連体形に接続しますが、これは、正しくは「…過ぎにしこ
との悔しき」という準体句に接続しているものなのです（Q33参照）。
日本語の形容詞は、それだけで述語となれるのが特徴だと言われます。英語などでは形容詞
はそれだけで述語になることはできません。松下大三郎博士などは、そういう点に注目して、
形容詞を動詞の中に入れ、形容動詞と呼んでいます。しかし、以上のように見てくると、形容
詞がそれだけで述語になれるのは助動詞を従えない時だけで、助動詞を従える時には、「あ
り」が述語となり、形容詞はその修飾成分になるのだということが理解されます。

注1　大野晋「日本人の思考と述語様式」（『文学』昭和四三年二月号）

注2　春日和男『存在詞に関する研究』（風間書房）三六三ページ

注3　時枝誠記『日本文法 文語篇』（岩波書店）一一二ページ

2章　係助詞「曾」の読み方は「ソ」か「ゾ」か?

——助詞に関するQA

Q14 「こそ」は題目提示の助詞か？

大野晋氏の『日本語の文法〔古典編〕』（角川書店）に、

「は・も・こそ」は話題を設定する助詞

とあります（二五一ページ）。「は・も」については分かりますが、「こそ」が題目提示の助詞であるというのは理解できません。ご教示ください。

A 大野博士が「こそ」を題目提示の助詞だとするのは、「こそ」が疑問詞に下接しないということからのようです。『日本語の文法』のQ70の答えは、博士が以前発表した論文[注1]に基づいているのです。その一部を次に引用しましょう。

まずコソが疑問詞を承けないということは、コソが衆から個を選抜して提題する助詞だということと関係している。ハ・モが個と個とを対比して、その一つを取り上げて題目とするに対して、コソは衆から個を選抜して題目とするところに特徴がある。

秋野には　今こそ行かめ（万葉集四三一七）

押しなべて　我こそをれ（万葉集一）

「時」にはいろいろある。多くの時がある。その中で「今」を選抜する。そしてそれを題目とする。そのとき「今こそ」という。大和の国は広い、人も多くいる。しかしその中でただ一人、「自分こそ」王である。このように、衆の中からただ一つの個を選抜して題目とするときにコソを使う。つまりコソの上の語の指すところは、確かにこれ一つと確実に認識して取り上げたものである。そのようにコソは確実なもの、確定したものを承ける形を作るわけだから、コソは疑問詞を承けない。ハが疑問詞を承けないと同様である。コソは不定・不明・未知と扱うこととは縁がないから疑問詞を承けないのであり、コソは乙群に属するということになる。（六五ページ下段）

実は、私も、大野博士が「こそ」を提題の助詞だとする理由が納得ができないのです。というよりも、この考えには賛成できません。

具体例について見ても、右に大野博士のあげた、『万葉集』一番歌の例は、「私がいる」「私こそがいる」という意であって、「私はいる」「私こそはいる」というような意ではないでしょう。「〜が」の意に相当するものは、題目とは言えません。

同じ枝《え》を分きて木の葉の移ろふは　西こそ　秋のはじめなりけれ（古今・秋下・二五五）

紅《くれなゐ》のふりいでつつ泣く涙には　たもとのみこそ　色まさりけれ（古今・恋二・五九八）

なども、「西こそが」「袂のみが」の意になるでしょう。森野崇氏も、

うへこそ。この寺にありし源氏の君こそ、おはしたなれ。（源氏・若紫）

などの好例をあげています。(注2)

ただ、「こそ」は、「は」の意味になることもあるようです。

吉野川よしや人こそつらからめ　早く言ひてしことは忘れじ（古今・恋五・七九四）

かたちこそみ山がくれの朽ち木なれ　心は花になさばなりなむ（古今・雑上・八七五）

などは、「人こそは」「姿こそは」の意に解釈されます。これらの場合は、題目になっているといっていいでしょう。

考えてみますと、現代語でも「こそが」「こそは」の両方が言えます。(注3)つまり、「〜こそ」は、昔も今も、新情報とか旧情報とかにはかかわらないのです。私は、かつて、前掲古今集の

諸例などを多数検討して、

結論を申しますと、「こそ」というのは、焦点を示すという点では、「ぞ」とも「は」とも同様な働きをして、「こそ」があるからどうだ、ということは言えないということです。

と述べたことがあります。[注4]

冒頭に引用した大野博士の論文では、「こそ」について、「衆から個を選抜して題目とするところに特徴がある」と述べられています。前半の「衆から個を選抜して」の部分については全く賛成です。つまり、「こそ」は、多数の中から、「これこそ」「それこそ」「何々こそ」と選抜して指示する意を表す助詞だと、私も考えています。しかし、後半の「題目とする」という部分については首肯することができません。「こそ」は選抜したものを題目とすることまではしません。題目にするときには、「こそは」のように「は」を下接させることもできます。

かくいふ我が身こそは、生きとまるまじき心地すれ。（源氏・夕顔）

大野博士が「こそ」を題目提示の助詞だとするのは、冒頭にも述べたように、疑問詞に下接しないという理由からです。しかし、果たして、疑問詞に下接しなければ、確実・既知・旧情報扱いの語を受けるということになるのでしょうか。

確かに、「は」は、それを題目として説明を加えるもの（を表す語）に下接する助詞ですから、疑問詞には下接しません。疑問詞は、いうまでもなく、題目とすることができるような既知のものを指すものではないからです。したがって、「は」が疑問詞に下接しないことは、これが提題の助詞であることと深く関係します。しかし、このことから、疑問詞に下接しない助詞は、すべて既知・旧情報扱いの語を受け、提題するものである、ということになるでしょうか。これは、大野説の根本にかかわる重大問題です。

「こそ」は、前に見たように、衆の中から個を選抜して指定する助詞でした。こういう助詞が、果たして、疑問詞に下接することができるでしょうか。選抜して指定される個、つまり特定されるものが、疑問つまり未定であっていいでしょうか。いいはずはありません。「これこそ」「それこそ」「何々こそ」と特定して指示する働きをもつ助詞であるから、「こそ」は疑問詞のような未定のものを表す語には下接しないのです。つまり、「こそ」が疑問詞に下接しないのは、提題とは関係のない、提題以前の問題で、「こそ」の個を特定して指示するという働きが疑問詞の表す意味となじまないからです。

なお、『日本語の文法』二五二ページの表では、「も」は、「疑問詞を受ける」甲群に所属し、「不確実・未知・新情報」の扱いを受ける語に下接するのに、「個と個を対比して提題」(傍点北原)するものとなっています。これは冒頭に引用した論文(注1)に載っている表でも変わりません。そして、二五一ページ上段には、

「も」は不確かな、よくわからないもの、新しい情報として提示する。(傍点北原)

と述べられています。つまり、話題は未知・新情報であってもいいと考えられているように推測されます。しかし、話題が新情報であっていいわけはありません。大野博士の「提題」は、もっと別の意味で用いられているのかも知れません。また、「不確か、よくわからないもの」と情報伝達上の「新情報」とは別のものだと考えられるのに、その点が区別されていないのも、理解を困難にしています。

「なむ」についても、「こそ」に通じる問題があるのですが、紙幅もつきましたし、ご質問の範囲を越えますので、別の機会に譲ることにします。

注1　大野晋「日本語の構文―係助詞の役割(一)―」(『文学』昭和五九年一二月号)

注2　森野宗「情報伝達と係助詞―「は」及び「ぞ」「なむ」「こそ」の場合―」（早稲田大学教育学部『学術研究　国語・国文学編』第三六号　昭和六二年）

注3　北原保雄「既知と未知」（『国語学』一三六集　昭和五九年三月　後に『日本語文法の焦点』に所収）

注4　北原保雄「表現の焦点」（『国語教育―研究と実践―』二五号　昭和六三年三月）

Q15 「なむ」は既知を表す助詞か？

Ｑ14のお答えの最後に、「なむ」についても、「こそ」に通じる問題がある、とありますが、その点について、是非ご説明ください。

A 結論から申しますと、「なむ」も、「こそ」と同様に、「既知・旧情報」扱いの語だけを受けるものではない、ということです。大野晋博士の『日本語の文法〔古典編〕』二五二ページの表によれば、「なむ」は、疑問詞を受けないという特性により、「は・こそ・や」とともに乙群に所属し、「確実・既知・旧情報」扱いの語を受けるとされています。

しかし、疑問詞に下接しなければ、既知・旧情報扱いの語を受ける、ということには必ずしもならないことは、Ｑ14のＡに述べた通りです。何よりも実例について見てみましょう。『枕草子』から例をあげてみます。(注1)

(1)ただ今まかづるを、聞こゆべきことなんある。〔かへる年の二月廿日よ日〕

(2)親のもとにいきて、「かうかうの事なんある」といへば〔蟻道の明神〕

(3)それを二つながら持て、いそぎまゐりて、「かかることなん侍りし」と、上もおはしま

す御前にて語り申し給ふ。（円融院の御はての年）

(4)はやう中后の宮に、ゐぬたきといひて、名高き下仕なんありける。（雨のうちはへ降るころ）

これらの例は、現代語の「何かがある」「何かがあった」に相当する「未知なむ未知」の表現で、全体が新しい情報です。

(5)今日は残り多かる心地なんする。（頭の弁の職にあゐり給ひて）

(6)秋はまだしく侍れど、夜に九度のぼる心地なんし侍る。（関白殿、二月廿一日に）

これらの例も、現代語の「気持ちがする」に相当する「未知なむ未知」の表現で、全体が新情報になっています。(5)は、「今日」を題目として、「残り多かる心地なんする」と説明している表現です。申すまでもなく、題目は既知・旧情報であり、説明は未知・新情報です。

(7)女は寝起き顔なんいとかたき。（職の御曹司の西面の）

も(5)と同類の表現で、「女」を題目とし、「寝起き顔なんいとかたき」全体が新しい情報になっています。

(8)これは聞こしめしおきたることのありしかばなむ。（御前にて人々とも）

この文は、「これ」を題目として、「聞こしめしおきたることのありしかば」とその理由を説明しているもので、「これは〜なり」と同類の表現でしょう。つまり、「既知は未知なむ」の型の表現です。

(9)またの日、雨の降りたるを、殿は、「これになん、おのが宿世《すくせ》は見え侍りぬる。いかがご覧ずる」と聞こえさせ給へる。（関白殿、二月廿一日に）

これは主格の例でありませんが、「おのが宿世は何かに見え侍り」ということが既知で、「これに」が新情報である、という表現です。つまり、「未知なむ既知は既知」の型の表現です。

以上で、「なむ」に未知・新情報を表す部分を導く用例のあることは、明らかになったと思います。疑問詞に下接することがなくても、未知・新情報を表す部分には下接することができるのです。いうまでもなく、『枕草子』以外の文献からも、いくらでも例をあげることができ

ます。例えば、森野崇氏は次のような好例をあげています。(注2)

⑽「檜垣の御といひけむ人に、いかであはむ。いづくにか住むらむ」とのたまへば、「このわたりになん住み侍りし」など、供なる人もいひけり。(大和物語・一二六段)

「いづくにか住むらむ」と聞いているのに対して、「このわたりになん住み侍りし」と答えているのですから、「なむ」の上は明らかに未知・新情報です。

ただ「なむ」は、「ぞ」のように常に未知・新情報を表す部分に下接するのではなく、既知・旧情報を表す部分に下接することもあるようです。その点が「こそ」と共通するというわけです。

⑾つとめて、例の廂《ひさし》に人のものいふを聞けば、「雨いみじう降る折に来たる人なんあはれなる。日頃おぼつかなく、つらき事もありとも、さて濡れて来たらんは、憂きことも皆忘れぬべし」とは、などていふにかあらん。(成信の中将は、入道兵部卿の宮の)

右の「～なむ」は、「あはれなる」という述語の表す意味や、続く文が「来たらんは」と

なっていることなどから、「〜は」相当の既知の意に解釈すべきもののようです。また、

⑿「……」と申ししかば、「……」とのたまひしなん、すこし口をしきせうとのおぼえに侍りしかども、本《もと》つけこころみるに、いふべきやうなし。（頭の中将の、すずろなるそら言を）

の「〜なむ」も、「〜は」相当の既知の意に解釈すべきもののようです。

⒀今日雪の山作らせ給はぬところなんなき。御前の壺にも作らせ給へり。春宮にも弘徽殿にも作られたりつ。京極殿にも作らせ給へりけり。（職の御曹司におはします頃）

などはどうでしょう。「今日は」とあれば、「〜なむ」は「〜が」相当に解釈できますが、続く三つの文がいずれも「〜も」となっていることを合わせ考えると、「〜は」相当と解釈すべきようでもあります。はっきりしたことは言えませんが、「なむ」には、このように既知の例もありそうなのです。

ただ、Ｑ14のＡの最後の方にもちょっと述べましたが、私の考えている既知・未知と大野博

士のそれとは、どうも違っているようです。大野博士は、「なむ」の役割について、

ナムは聞き伝えている歌を導出する役をするか、あるいは聞き伝えている事柄、または内心で考え、確信している事柄を相手に披瀝する役をしている。(注3)

と述べ、また、「なむ」の特性について、

内心を相手に披瀝し、また確実な伝聞であることを表明するもの(注3)

と述べています。つまり、「なむ」が「確実・既知・旧情報」扱いの語を受けるというのは、確実な伝聞や心の内に確信している事柄を表す語を受けるという意味のようです。大野博士は、

(イ)文箱に入れてありとなんいふなる。

(ロ)かうかうなんおもふ。

という例について、

ナムは、思う内容を「かうかう」と限定している。右の(イ)(ロ)の「ナル」「思フ」にかかるナムの使い方は伝聞の内容、内心の思考の内容を明確に相手に語りかける点で、奈良時代のナモと全く同一である。(注3)

と述べています。このような具体例についての説明を読むと、「確実」という意味は一応よく理解できます。しかし、ここで言われている確実ということと、私の考えている既知・旧情報ということとは全くの別物です。

話し手が確実だとするものでも、未知・新情報になります。例えば、前掲(9)の例でいうと、これは、「おのが宿世は何かに見え侍り」ということが既知で、その「何かに」が「これに」だと新しく伝達される表現です。つまり、「これに」は未知・新情報ですが、「これ」という近称の代名詞は話し手側のものを指す語であり、ここでは話し手が内心で考え確信している事柄を指しているはずです。

Q14のAで、「こそ」について、大野説の「衆から個を選抜して」の部分には賛成して、「題目とする」の部分には反対しましたが、「なむ」の場合にも、「確実」についてはおおむね賛成できるが、「既知・旧情報」ということについては全面的には賛同しかねるということです。「なむ」の上はむしろ未知・新情報である場合が多いのです。

注1　日本古典文学大系本による。

注2　森野崇「情報伝達と係助詞—「は」及び「ぞ」「なむ」「こそ」の場合—」（早稲田大学教育学部『学術研究　国語・国文学編』第三六号　昭和六二年）

注3　大野晋「日本語の構文—係助詞の役割㈢—」（『文学』昭和六〇年　五三巻三号）

Q16 「こそ」と「なむ」―大野晋博士のご批正に答える―

文法セミナーとして私の考えを述べただけの文章に、ご当人の大野晋博士から、ご批正をいただきました。それにお答えしておきたいと思います。

大野博士は、係助詞の研究の上で基本的に大切な三つの点があるとして、その三点から論を進められています。

その第一の点は、私の疑義は、「こそ」についても「なむ」についても上代の豊富な例を考慮に加えず、いきなり平安時代の例を根拠として展開しているが、平安時代の例から始めても、その本質的な意味用法を正確にとらえることはできない、というご指摘です。最も古い時代（つまり、奈良時代）にどう使われたかということも大切ですが、平安時代の用法もそれと同じ程度に重要ではないでしょうか。本質的な意味用法ということがどういうものを指すかも問題ですが、起源（的用法）と同様に、あるいはそれ以上に現実の用法を明らかにすることが大切なのではないでしょうか。このセミナーは、その性質上、また、紙幅の制限から、奈良時代から平安時代にかけての用例を数多くあげて詳しく考察を展開できるものではありませんでしたが、（いきなりであっても）平安時代の用例によって考えれば、平安時代の用法は解明されるはずですし、また、平安時代の用法はそれによってしか解明できないと考えます。ですから、本質的な意味用法などとおっしゃらずに、平安時代の用法についての私のとらえ方について、違っているかどうかをご教示いただきたかったのです。

第二の点は、私が問題の助詞を現代語に訳して、それがどんな言葉で訳されるかということを論拠にして考察している、というご批判です。私の文章がそのように読めたとすれば、表現の拙劣さの然らしめるところで、弁解のしようもありませんが、私は現代語に訳しているのではなく、現代語で考え説明しているつもりです。私は、例えば、

『万葉集』一番歌の例は、「私がいる」「私こそがいる」という意であって、「私はいる」「私こそはいる」というような意ではないでしょう。「〜が」の意に相当するものは、題目とはいえません。

と述べました。これは、「こそ」が題目提示ではないということを現代語によって説明しようとしたものです。ですから、私としては、『万葉集』一番歌の「今こそ行かめ」「我こそをれ」の「こそ」が題目提示の用法のものとは考えにくいという私の解釈を具体的にご批正いただきたかったのです。

なお、私も助詞を研究する場合、「何を承けて何にかかるか」を考えることが大切だと考えますし、これまでもそのように考えて研究を進めてきたつもりです。

第三の点は、係助詞は構造的に認識されなければならないものであるが、それについてどう考えるか、というご質問です。係助詞を構造的に把握すべきだというお考えには全く賛成です。また、そのお考えに基づく一連のご研究には心から敬意を表します。しかし、構造的に把握しようとする場合、いわゆる係助詞がそれだけで体系をなしていること、係助詞の内包と外延とが他の助詞との関係も含めて明確になっていることなどが、前提となります。私自身は、広く他の助詞との関係を視野に入れつつも、個々の助詞についての考察を進めている段階ですが、やがてもう少し研究が進んだら助詞全体を体系的に把握してみたいと思っています。ただし、その場合、従来のいわゆる係助詞だけを他の助詞と切り離して一つの構造体と見ることになるかどうかは分かりません。

それはともかく、係助詞を構造的に把握すべきだというご意見には賛成ですが、構造的に把握する場合に、疑問詞を受けるか受けないかということだけが基準になるわけではありません。別の基準もいろいろ考えられるはずです。しかし、その点に関しては、私は、今回は何も申しておりません。大野博士の構造的な把握の図式を認めた上で、大野博士が、

コソが疑問詞を承けないということは、コソが衆から個を選抜して提題する助詞だというところと関係している。（傍点北原）

と説明されたのを、

果たして、疑問詞に下接しなければ、確実・既知・旧情報扱いの語を受けるということになるのでしょうか。

と疑い、

「こそ」は、前に見たように、衆の中から個を選抜して指定する助詞でした。こういう助詞が、果たして、疑問詞に下接することができるでしょうか。選抜して指定される個、つまり特定されるものが、疑問つまり未定であっていいでしょうか。いいはずはありません。「これこそ」「それこそ」「何々こそ」と特定して指示する働きをもつ助詞であるから、「こそ」は疑問詞のような未定のものを表す語には下接しないのです。つまり、「こそ」が疑問詞に下接しないのは、提題とは関係のない、提題以前の問題で、「こそ」の個を特定して指示するという働きが疑問詞の表す意味となじまないからです。

と述べたのでした。もう一度繰り返します。私は大野博士の構造的な把握を認め、かつ、「こそ」が疑問詞を受けない助詞であることを認めた上で、「こそ」は提題する助詞だとはいえないのではないかと述べたのでした。ですから、この点が間違っているかどうかを端的にご批正いただきたかったのです。大野博士は、

　私が先の構造的な関係の表示で、ハ・コソ・ナム・ヤを共通の群としたのは、何もこれらが、常に題目の提示、既定の事実の提示で一貫しているといっているのではない。

と述べておられますが、「こそ」についても、「常に題目の提示で一貫しているといっているのではない」というのでしたら、私の考えと近いものとなります。

なお、私は、新しい情報は話題にはなれないと考えていますから、大野博士が、

　「も」は不確かな、よくわからないもの、新しい情報として提示する。

と述べておられることを取り上げて、

大野博士の「提題」は、もっと別の意味で用いられているのかも知れません。

と書きました。もし、私の考える提題と大野博士のいわれる提題とが違ったものであれば、話は全く別になります。ですから、この点に関してこそ、第一番にお答えいただきたかったのです。

　私の助詞研究は、まだ緒についたばかりです。これから広く調べ深く考えて徐々に発表していきたいと思っています。「なむ」についても、試案のようなものを持っていますが、まだ公表する段階ではありません。しかし、「なむ」が、確実・既知・旧情報扱いの語だけを受けるという考えには、そうでないと解釈される多くの実例があることから、どうしても賛成できないのです。

　大野博士の今回のご論は、私の文章に対して方法論的に批判されたところが多いように思います。それはそれでとてもありがたく、いい勉強になりました。しかし、大野博士にはこれまでもいろいろご教導いただいており、私も方法論的なことは学んできたつもりです。私としては、今回の文章でご教示ご批正をいただきたかったと書いた部分について、端的にご教示いただきたかったところです。

Q17 係助詞「曾」の読み方は「ソ」か「ゾ」か？

万葉集巻一・二五番歌の「時なく曾　雪は降りける　間《ま》なく曾　雨は降りける」の「曾」は、清音「ソ」に読まなければならないのでしょうか。

A 万葉仮名では、原則として清音と濁音とを書き分けています。そして、「叙」「序」などは濁音「ゾ」を表す仮名ですが、「曾」は一般に清音「ソ」を表す仮名として用いられています。したがって、「時なく曾」などの係助詞「曾」も清音「ソ」に読むべきだということになるのです。

係助詞「ぞ」が「曾」という清音仮名で表記されていることについては、すでに早く本居宣長の『古事記伝』やその弟子石塚龍磨『古言清濁考』に指摘があります。しかし、両者とも「猶よく考ふべし」と述べるにとどまっています。係助詞「曾」は清音「ソ」であると明確に言い切ったのは安田喜代門博士(注1)が最初だと思いますが、それが今日のように通説化したのは、昭和三十二年に日本古典文学大系『万葉集一』が出てからでしょう。この本の「校注の覚え書」には、万葉集の時代には原則として清音ソであったものと認め、特に叙・序など、濁音を表わす文字が用いてある場合だけ、濁音ゾであると認めることとした。発音の移る時期には、古形と新形の二つの形が並存することはよくあることであるからである。

と述べられています。

かくして係助詞「曾」を「ソ」と読むのは今日ではほぼ通説化した感があり、教科書にも「ソ」と呼んでいるものがありますが、問題がないわけではありません。

まず、『古事記』にも『日本書紀』にも『万葉集』にも清音仮名「叙」「序」などで表記されている例が少なからず存在するという事実です。つまり、係助詞「ぞ」には、清音「ソ」の形と濁音「ゾ」の形の二つが並存したということになります。前掲の「校注の覚え書」でも、そのことは当然おさえられていて、「古形と新形の二つの形が並存する」と述べられています。古形とは「ソ」の形です。新形とは「ゾ」の形です。「ソ」から「ゾ」に発音が移ったと考えているのです。そこには述べられていませんが、係助詞「ぞ」は指示代名詞「そ」から転用されたものであろうという考えがその底面にあり、(注2)また、平安時代以降に「ゾ」が一般化したと述べられているのですから。

しかし、この、古形が「ソ」で新形が「ゾ」であり、「ソ」から「ゾ」に移行したという仮説を立てるには決定的な障害となると思われる事実があるのです。この仮説が成立するためには、時代の古い例ほど「ソ」であり、時代のくだった例では「ゾ」になるということになるはずですが、『万葉集』を見てみますと、たとえば、「柿本朝臣人麻呂之歌集出」などという注記のある、いわゆる人麻呂歌集の歌では、「叙・序」16対「曾」4で「ゾ」が圧倒的に多いのに対して、大伴家持の歌では、「叙・序」0対「曾」61で、「ソ」だけが用いられ、「ゾ」の使用は皆無という状況なのです。これは岡崎正継博士の調査[注3]によるものですが、人麻呂よりずっと時代のくだる家持の方が「ソ」専用になっているのですから、「ソ」から「ゾ」へという移行を仮定するのには無理があると言わざるを得ません。（表記が時代を正確に反映しているかどうかは問題ですが。）

此島正年博士は、「助詞のように頻用される語の表記には音韻変化の後にも古来の方式が固定して残ることも考えられる」[注4]と述べて、「曾」は本来清音「ソ」を表す文字だが、表記方式はそのままに読みが濁音「ゾ」に変っているという新解釈を提示していますが、この解釈によっても、なぜ時代のくだった家持の方に「曾」が多用されているのかという疑問は解けません。

ご質問の二五番歌の結びの二句は、「思ひつつ叙来し　その山道を」となっていて、「叙」が用いられています。つづく二六番歌も、これは二五番歌の「或る本の歌」ですが

時じく曾　雪は降るとふ　間《ま》なく曾　雨は降るとふ……思ひつつ叙来し　その山道を

のようになっていて、「曾」と「叙」の配置が全く同じです。

巻一三・三二九三番歌も、二五番、二六番歌と似た構成の歌ですが、

間《ま》なく序　雨は降るとふ　時じく曾　雪は降るとふ……われは曾恋ふる　妹が正香《ただか》に

のように、やはり、「曾」と「叙」が一つの歌の中に混用されています。

次の二首は、いずれも人麻呂の長歌の中の部分です。

吉《よ》けくも曾なき　うつせみと　思ひし妹が（二・二一〇）

好《よ》けくも叙なき　うつそみと　思ひし妹が（二・二一三）

同じ歌の中に「曾」と「叙」が並存したり、同一人の歌の同一の用法のところに「曾」と

「叙」が混用されたりしていることを、どのように解釈したらよいのでしょうか。以上にあげたような歌では、はたして「ソ」と「ゾ」を読み分けなければならないのでしょうか。同じ一つの歌に「ソ」と「ゾ」が何の使い分けもなく並存するようなことは考えにくいことです。私の編集した『古語大辞典』『全訳古語例解辞典』（いずれも小学館）では、係助詞「曾」は「ゾ」と読むことにしています。また、『時代別国語大辞典　上代編』（三省堂）も、濁音の形で立てています。係助詞「曾」を「ソ」と読むのは、通説ではあっても、決して定説ではないのです。

注1　安田喜代門「助詞『ぞ』『そ』の研究」（『国学院雑誌』大正一三年九月号）
注2　大野晋『上代仮名遣の研究』五〇ページ
注3　岡崎正継「係助詞『曾』の清濁について」（『国文学研究』五号　昭和四四年一一月）
注4　此島正年『国語助詞の研究―助詞史の素描―』三〇五ページ

Q18 係助詞「は」の結びは終止形か？

ある高校用古典文法テキストに、

係助詞「は」を受ける文の結びの活用語は、終止形になる。

とありますが、終止形以外でも結ぶことがあるのではないでしょうか。

A おっしゃる通り、係助詞「は」に係り結びのようなものがあり、その結びは終止形になるという説明は、明らかに誤りです。事実、この文法テキストには、ほかのページに、

君がため春の野に出でて若菜摘むわが衣手に雪は降りつつ（古今集・春上・二一）

人々は帰し給ひて、惟光ばかり御供にて（源氏物語・若紫）

など、「は」の結びが終止形になっていない文例がいくつも載っています。

ただ、係助詞「は」の結びが終止形であると説明しているのは、このテキストだけではありません。次にあげるように他にもいくつかあります。

①係助詞を用いた叙述を活用語で結ぶ場合、「は」「も」の時は終止形であるが、「ぞ」「なむ」「か」「や」の時は連体形で、「こそ」の時は已然形で結ぶ。
② は（これを受けて文を終止する活用語は終止形をとる。）
③ は 文末 終止形で結ぶ。

どうして、こういう誤りが起きているのでしょうか。その理由を考えてみますと、どうも、「は」は係助詞であるから、特定の結びと呼応するはずだ、という思い込みがあるようです。「ぞ」「なむ」「や」「か」のように連体形ではない、「こそ」のように已然形でもない、それならば、終止形だという、短絡的な推理が働いてるようです。確かに、「は」の結びには終止形になっているものがたくさんあります。しかし、そもそも終止形は、一般に文を終止する形だから終止形なのであって、「は」が文中になくても終止形で終止することは多いのです。文中に「は」がある場合、終止形で終止することが多いのは確かですが、「は」のない場合にもまた、終止形で終止することは多いのです。そして、きわめて重要なことは、文中に「は」があっても、結びが終止形にならないことがいくらでもあるということです。「は」「も」の結びについて、

④受ける文節が文全体のまとめとして言い切りになるか、接続助詞が付いて文を、続けることになるもの

と説明しているテキストがありますが、これは、要するに、格助詞や副助詞を受けて切れたり続いたりする場合と変わらないということです。このテキストの同じページに、

わたの原八十島かけて漕ぎ出でぬと人には告げよ海人の釣り舟（古今和歌集・九）

という例があげられていますが、これは命令形の例です。「は」の結びは命令形でもいいのです。

現行の高校用古典文法テキスト三十三冊を調べてみて驚きました。助詞の説明があまりにもお粗末なのです。詳しく説明すると難しくなるので、簡単に説明しておこうというのでしょうが、それにしてもお粗末すぎます。係助詞の扱い方は特に問題です。

⑤種々の語について、指示・強意・疑問・反語などの意味を添え、文の結び方に一定の言い方を要求する助詞を係助詞という。

⑥種々の語に付いて、その語を強調しつつ、ある意味を添え、文末の活用語に一定の形を要求する。
⑦（係助詞の性質の）その最大の特色は、文末の活用語に、ある定《き》まった活用形をとらせることである。
⑧いろいろの語について、その語にある意味を添えたり、下の活用語に一定の言い方を要求したりして、大きな影響力をもつものを係助詞という。

右にあげたのは、その一部でしかありませんが、実に多くのテキストが、このように、係助詞は一定の結びを要求する、と説明しながら、すぐ次に「は」「も」をかかげ、結びについては、何の説明もしていません。これでは、「は」「も」の結びは一体何形なのか、と真面目な学習者は迷ってしまうでしょう。

係助詞を、「は」「も」とそれ以外のものとに分けて、「は」「も」は特定の結びを要求しないものであることを、はっきりと説明すべきです。佐伯梅友『明解古典文法』では、係助詞の中の「は」「も」を除いたものを、「係りの助詞」と呼んでいます。

ちなみに、次のような説明をしているテキストがたくさんあります。

⑨…下の用言や活用連語にかかる。ただ、その用言や活用連語の述語としての働きに影響を及ぼす点で副助詞と違っている。
⑩…下の文節の叙述のしかたに特別な影響を与える。
⑪…このように文末に強い影響を与える助詞を係助詞という。
⑫…文末の叙述に影響を及ぼす。
⑬…かかってゆく文末の叙述に力を及ぼすもの。

⑬には、「上の『文末の叙述に力を及ぼす』とは、その係助詞のついた語句のかかっていく文末が、終止形とか連体形といった一定の結び方を要求することをいう。」という注が付いていますが、「叙述」「叙述のしかた」などに「影響を与える」とか「力を及ぼす」という説明は、そういう形態的なものとは読めません。そして、この説明自体は、ほぼ妥当なものです。しかし、どのテキストも、総論あって各論なし、それぞれの助詞についてのところでは、どのような影響を与えるのか、全く説明されていません。これではせっかくの概括的な説明が意味のないものとなります。というよりも、いたずらに頭を混乱させる余計なものになります。係助詞の説明は、いろいろの面でもっともっと工夫されなければなりません。

Q19
格助詞について

格助詞について説明してください。

A 助詞をどのように分類するかにもよりますが、学校文法だけでなく、ほとんどの文法論においても、格助詞は立てられているようです。山田文法、橋本文法、時枝文法における定義は、それぞれ次のようになっています。

①格助詞は体言又は副詞に附属してそれが他の語に対して有する一定の関係を示すものにして一の資格を示すものは他の資格には流用すること能はざるものなり。（山田孝雄『日本文法学概論』四〇六ページ）

②つゞく助詞で、体言又は之と同資格のことばにのみつく。さうして、その体言が、どんな関係で、他のことばにつゞくかを区別して示すものである。（橋本進吉『助詞・助動詞の研究』五四ページ）

③事柄に対する話手の認定の中、事柄と事柄との関係の認定を表現するものであるから、感情的なものは無く、殆どすべてが、論理的思考の表現であると云つてよい。（時枝誠記

『日本文法 口語篇』二一九ページ）

ところで、松下大三郎博士は、格について、

> ④格は、詞の連詞又断句中に於ける立場に関する資格である。例へば「花を見き」の「花を」は必ず客語になるべき資格を持ち「見き」は必ず断句の代表部になるべき資格を持つてゐる。その資格は即ち格であつて「花を」の格は客格と名け《（マヽ）》、「見き」の格は終止格と名づける。（松下大三郎『改撰標準日本文法』四六六ページ）

と定義をし、日本語では、動詞の格が著しく発達しているので、格を名詞に限るのはよくなく、もし動詞の格を閑却したら、日本語の文法は全然わからなくなるといっても過言ではないだろうと述べています。

松下文法では、名詞や動詞の格のほかに、副詞、副体詞、感動詞などについても格を立てています。松下文法における格は、学校文法の術語で言えば、文節の連文節または文の中における立場に関する資格のすべてをいうものですが、この点では、他の文法論も、あまり変わらないと言えます。すなわち、山田文法でも、呼格、修飾格、述格などの格を立てていますし、時

枝文法でも、独立語格、修飾語格、述語格などの格を設定しています。そして、橋本文法でも、提示格、副詞格、接続格、附属格、などの術語を使っています。このように、どの文法論においても、格はずいぶん広い意味に用いられているのです。

しかし、山田文法の場合、呼格を表す「よ」や「や」は、格助詞ではなく間投助詞ですし、時枝文法の場合でも、独立語格を表す「や」は、格を表す助詞ではなくて感動を表す助詞とされています。また、橋本文法でも、提示格を表す「は」は格助詞ではなく係助詞とされていますす。これらは、ほんの一例です。つまり、格を表すものは格助詞だけではないのです。間投助詞も係助詞も、そして接続助詞も、あるいは助詞でなくても、格を表すことができるのです。

それでは、格助詞とは、一体何を表す助詞だということになるのでしょうか。何によって特徴づけられる助詞なのでしょうか。やはり、格の定義をもう少し狭く限定しなければならないでしょう。そして、事実、前掲の①②③の定義においても、格助詞の格は狭く限定されています。

③では、「殆どすべてが、論理的思考の表現である」と述べています。時枝文法の言語過程説的な説明では、「認定」とか「思考」とかの言葉が入ってくるのは仕方のないことですが、格助詞の表す格は、事柄と事柄との論理的関係のことだということです。

「人が待つ」においては、「人」は「待つ」という動作の主体であり、「待つ」は「人」という事物を主体とするところの動作であるという関係にあります。その関係を明示しているのが「が」です。「人を待つ」においては、「人」は「待つ」という動作の対象であり、「待つ」は「人」という事物を対象とするところの動作であるという関係にあります。その関係を明示しているのが「を」です。これらの関係は動かしがたいものです。①によれば、「一定の関係」であり、「一の資格を示すものは他の資格には流用すること能はざるもの」ということになります。「が」であると同時に「を」であるというような関係はありえません。

①②③に共通して、「関係」という言葉が用いられていますが、それは論理的関係ということです。「人が」といえば、それは「待つ」の主体を表し、「人を」といえば、それは「待つ」の対象を表す。「人」と「待つ」との論理的関係は、「が」や「を」によって明示されているのですが、逆に、「人」と「待つ」との論理的関係を表すために「が」や「を」が用いられているということもできます。

③に、「感情的なものは無く」とあることに、注目したいと思います。感情的なものはなく、論理的思考の表現であるというのは、換言すれば、主体的表現、つまり時枝文法の辞ではなく、客体的表現、つまり詞であるということです。③では、前述のように、「認定」とか「思考」というとらえ方がされていますが、「人が待つ」や「人を待つ」の「が」や「を」は、「人」と「待つ」との関係を、そう認定したり、思考したりした表現ではなく、「人」と「待

つ」との論理的関係そのものの表現です。人が待っているのであれば、「人が待つ」と表現しなければならないし、人を待っているのであれば、「人を待つ」と表現しなければなりません。「認定」や「思考」は、格助詞を辞と見る無理から出てくる言葉で、「感情的なもの」（話し手の判断や情意）がないならば辞ではないはずです。この点については、拙著『日本語の世界　日本語の文法』（中央公論社）三三五ページに別の面から述べてありますので、ご参照ください。

Q20 連体助詞「の」は格助詞か？

Q19の説明で、格助詞の定義は、ほぼ理解できましたが、格助詞にはどんなものが含まれるか、また、連体助詞「の」は格助詞なのか、ご教示ください。

A 前回は従来の代表的な文法論における格助詞の定義について検討し、格とはどういうものかという観点から、格助詞の定義について考えてみました。しかし、格助詞の定義をもっと明確にとらえるためには、格助詞にどういう助詞が所属させられているか、所属させられるべきかを考えることが有効な方法です。格助詞の定義によってそれに所属する助詞も変わってきますが、それに所属する助詞によって格助詞の定義も変わってくるからです。

さて、従来の文法論では、どんな助詞を格助詞としているでしょうか。山田文法では、「の・が・を・に・へ・と・より・から・で」の九種を格助詞としています（『日本文法学概論』四〇六ページ）。橋本文法でも全く同じ九種をあげています（『助詞・助動詞の研究』二二一ページ）。

時枝文法では、格助詞ではなく、「格を表はす助詞」という呼び方をしていますが、山田文法・橋本文法の九種に「は」と「まで」を追加した十一種があげられています（『日本文法 口語篇』二一九ページ）。「は」には、万葉集は歌集である。

という例が、そして、「まで」には、

どこまで行くのですか。　夏まで続ける。

という二つの例があげられ、「まで」については、

限定を表はす「まで」と比較すれば、格を表はす助詞の真意がよく理解されるであらう。

という注が付されています。「限定を表はす助詞」の「まで」の例には、

衣類は勿論、旅費まで恵んで呉れた。

そんなにまで云はなくてもよい。

の二つがあげられていますが、格と限定の違いはよく理解できるところです。

しかし、「は」についてはどうでしょう。実は、「限定を表はす助詞」の方にも「は」があり、こちらの方には、

ぼくは駄目です。　日曜は家です。

という二つの例があげられています。これと前掲の「万葉集は歌集である。」とはどう違うというのでしょう。格を表す助詞「は」の方には、限定を表す助詞「は」と相違して、「他と区別する意味はない。」と注記されていますが、「は」の本質をとらえているとは言えません。

ところで、学校文法ではどうなっているのでしょうか。学校文法といっても高校では現代語の助詞の分類などはまともに取り上げませんので、中学校の国語教科書を見てみましょう。現在、五社から教科書が刊行されていますが、「が・を・に・へ・で・と・から・より・の」の九種は五社共通です。そして、一社がこれに「まで」を加えた十種、他の四社はこれに「や」を加えた十種です。つまり、合計は五社とも十種ですが、一社を除く四社は「や」を格助詞として「まで」を格助詞とせず、一社は逆に「まで」を格助詞として「や」を格助詞としていないということです。

「まで」を格助詞としないのは、「まで」に副助詞としての明確な用法があり、山田文法や橋

本文法でも格助詞としていないということによるのでしょうが、「から」を格助詞とするのですから、「東京から大阪まで」などのように「から」と照応するものなどは、格助詞とすべきでしょう。前掲の時枝博士の注記も、そのことを言っているのです。

「や」は、格助詞一般が連用語を構成するものであるのに対して、

本やノートを買う。

などのように、体言と体言を並立させるもので、格助詞とするにはいささか無理があるのですが、四社では、助詞を、格助詞・接続助詞・副助詞・終助詞に四分類していますので、「主として体言に付いて…」という定義に該当するのは、格助詞しかないのです。「や」を格助詞としない一社は並立助詞を立てています。

次に、連体助詞の「の」についてお答えします。助詞「の」にはいろいろの用法がありますが、代表的なものは、主格を表す用法と連体修飾を表す用法でしょう。主格を表す助詞は格助詞で、これには問題がありません。しかし、連体修飾というのは、体言に連続して体言を修飾する職能ですから、厳密な意味では格とはいえないものです。従来の文法論には、修飾機能をも格と呼ぶものが多いことは、Q19のAにも述べました。しかし、格助詞の格を、事物と動作

や存在・状態との論理的関係ということに限定するならば、連体の「の」は格を表していると は言えません。「地震の発生」は「地震が発生」することですし、「書籍の購入」は「書籍を購入」することです。また、「ガリレオの研究」では、「ガリレオが研究」するのか、「ガリレオを研究」するのか、論理的関係が定まりません。「の」は格を表すことができないのです。

　もう一つ、「の」は、「京都への旅行」「大阪からの客」「隣人とのつきあい」などのように、格助詞に下接します。格助詞は論理的関係を示すものであり、ある関係において論理的関係が同時に二つ存在するというようなことはありませんから、格助詞が重ねて用いられることはないわけです。「ガリレオ」の「研究」に対する論理的関係が、主体でありかつ同時に対象であるというようなことはありえませんから、「ガリレオがを研究する」というような表現はないのです。「の」が格助詞と重なることができるのは、格を表すものではないからだと考えなくてはなりません。

　橋本博士も、以上のような事実を重視して、「の」を格助詞とはせず、連体助詞としています。主格を含め他の格助詞はすべて連用です。連体と連用の違いは、もっと重視されなければなりません。

3章　「おはす」はサ変動詞か？

——用言・副詞・接辞に関するQA

Q21 シク活用形容詞の終止形語尾はないのか？

シク活用形容詞の本活用の終止形語尾を認めない古典文法テキストがありますが、正しいのでしょうか。

A ご質問の意味は、シク活用形容詞の本活用を〈表1〉のように整理して、「し」までを語幹としてくくり、終止形の活用語尾を認めないテキストがあるが、これはどう考えたらいいのかということだと思います。

〈表1〉

基本形	語幹	未然形	連用形	終止形	連体形	已然形	命令形
うつくし	うつくし	○	―く	―	―き	―けれ	○

〈表2〉

基本形	語幹	未然形	連用形	終止形	連体形	已然形	命令形
しろし	しろ	○	―く	―し	―き	―けれ	○

手もとにある高校用の古典文法のテキスト三十七冊を調べてみましたら、そのように整理しているものが二冊だけありました。

シク活用形容詞の語幹は「し」までだと考えるのが妥当です。形容詞の語幹にはいろいろの用法がありますが、

①「あな、――」の形で、感動表現となる。

あな、おもしろ。

あな、をかし。

②「――の＋体言＋や（かな）」の形で、感動表現になる。

めでたの人や。

をかしの御髪《みぐし》や。

③接尾語「み」「さ」「げ」などを下に付ける。

めでたさ　つらげ

楽しさ　悲しげ

④接尾語「み」を下に付けて、原因・理由を表す。

瀬を早み

のように、ク活用と並べてみると、ク活用の場合は「し」に上位する部分が語幹であり、シク活用の場合は「し」までの部分が語幹であることが分かります。その上、「し」までを語幹としてくくれば、連用形・連体形・已然形などはク活用と同じ活用語尾になります〈表1〉と〈表2〉を比較参照)。ですから、終止形語尾を認めない活用表は、全く正しいのです。

ただ、終止形に活用語尾がないというのは、いかにも不自然です。終止形がないというのなら仕方がありませんが、終止形があるのに、活用表に活用語尾を示せないというのは、落ち着きません。しかも、終止形は基本形ともいうべき活用形です。前記二冊は、「シク活用では、語幹がそのまま終止形となる。」「シク活用では語幹がそのまま終止形として用いられる。」などと注記していますが、語幹と終止形とは用法が全く異なるので、語幹がそのまま終止形となるというのは、言語的直観に反するような感じがします。連用形・連体形・已然形などの活用語尾がク活用のそれと同じになるというのはいいことですが、基本形である終止形の活用語尾が一方にはあって、他の一方にはないというのでは、かえって不整合な感じがします。それに、シク活用であるということを印象づけるためには、連用形や連体形の活用語尾がシク・シキの形である方がいい。語幹については、前記二冊と逆に、「シク活用では、終止形がそのまま語幹として用いられる。」と説明しておけばいい。

以上のような理由で、「し」を活用語尾の方に含めているテキストが多いのだと思います。

ちなみに、現代語では、古語の「うつくし」は「うつくしい」という形になります。これは、普通に終止する場合にも連体形「うつくしき」が用いられるようになり（つまり、もとの連体形が新しい終止形になり）、それがイ音便化して成立したものですが、終止形が「うつくしい」という形になれば、「し」までを語幹としても、「い」という活用語尾が残ります。

〈表3〉

基本形	語　幹	未然形	連用形	終止形	連体形	已然形	命令形
うつくしい	うつくし	○	―く	―い	―い	―けれ	○

〈表4〉

基本形	語　幹	未然形	連用形	終止形	連体形	已然形	命令形
しろい	しろ	○	―く	―い	―い	―けれ	○

〈表3〉と〈表4〉を比べてみれば明らかなように、「うつくしい」（を代表例とするもとシク活用）の活用語尾と、「しろい」（を代表例とするもとク活用）の活用語尾とは、全く同じで

す。こうして、現代語では、形容詞の活用表はク活用とシク活用を分ける必要がなくなり、一つにまとめられるのです。
中世には、シク活用に、「美しし」「恐ろしし」「悲しし」「恥かしし」「久しし」など、「——しし」という終止形が出現します。「美しし」に例をとると、当時すでに「美しい」という口語形が行われていたと考えられます。この口語形「美しい」からどのようにして文語形を再構するかということですが、「美しい」の「い」を取って「美し」を復原するのは難しかったのではないでしょうか。「美しい」は、「美しく」「美しき」「美しけれ」などの活用形をもち、「い」は重要な活用語尾だと意識されていたと想像されます。ですから、「い」を「し」に変えて文語形「美しし」を得るということが、自然に行われたのだと思います。ともかく、終止形が「——しし」の形であれば、「し」までを語幹としてくれること現代語の場合と同様です。
ご質問にはないことですが、活用表に関連することとして、本活用の未然形を認めるべきかどうかということについてふれておきます。テキスト三十七冊の内訳は、
未然形を立てないもの　十二冊

未然形を立てるもの　二十冊

（　）で示すもの　五冊

です。未然形を立てるのは、「――くは」「――しくは」のように「は」の下接する形（驚いたことに、うち「ば」が下接する形とするものが五冊もあります）を未然形と認めるからですが、この考えが誤りであることについては、Q１のAに「ずは」と合わせて述べました。本活用の未然形は立てるべきではないのです。

Q22 「タケイ（猛）」という形容詞のない理由は？

「タケシ」という名前は古語の形容詞に由来するものだと思いますが、現代語には「タケイ」という形容詞はありません。一般に古語のク活用形容詞は、その活用形語尾の「シ」を「イ」に変えれば、現代語形になるのに、「タケイ」という形容詞がないのはどうしてでしょうか。

A 有名なタレントを初めとして、「タケシ」という名前の人はたくさんいます。「武・剛・猛・健・毅・岳」などさまざまの漢字表記のものがありますが、「タケシ」はそれらの漢字の持つ、勇ましい、強い、丈夫だ、などという、意味を持っており、古語の形容詞を名詞（名前）に用いたものであることは確実です。

そして、古語の形容詞を名前に用いたものには、他にも、「アツシ」「キヨシ」「タカシ」「ツヨシ」「ヤスシ」「トシ」「ヨシ」など、いろいろあります。人の名前に形容詞を用いるのは、親がわが子にそういう状態や性質に育つことを期待してのもので、よく理解できることです。その形容詞の表す意味は、当然、男の子には男の子にふさわしいもの、女の子には女の子にふさわしいものですが、「――イ」という現代語の語形が用いられないのはなぜでしょうか。

男性の場合、「武士・高志・靖史・清之」などの表記が当てられるものがあるように、「――シ」は男性の名前にふさわしい語形だと感じられるものがあるからでしょう。また、「トシ」「ヨシ」などは、女性の名前の方が普通でしょうが、これも二拍の名詞は女性の名前にふさわしいような感覚があるからでしょう。女性の名前には、「キヨ」「ヤス」など「キヨシ」「ヤスシ」の語幹の二拍を用いたものもあります。「キヨシ」は男性で「キヨ」は女性というわけです。

その前に、なぜ他の活用形ではなく終止形なのかということがありますが、古語の形容詞の終止形には、「ログデナシ」「ミメヨシ」などのように、名詞になる例があります。また、「――シ」という語形は、サ行四段やサ変の動詞の連用形と同じ形で、名詞の形として安定性が感じられるということがあるのかもしれません。ともかく、意味の上からはもちろん、語形の上からも、古語の形容詞の終止形は名前に用いられやすいということがあるようです。

さて、ご質問は、古語の「キヨシ」には現代語の「キヨイ」があり、「タカシ」には「タカイ」があるのに、「タケシ」には対応する現代語がない。それには何か理由があるのかということでした。

昔あった状態や性質が現在はない、というようなことはないと思います。しかし、状態や性質が客観的に存在しても、それを言語主体が認識しなければ、存在しないのと同じです。分かりやすい例を一つ上げましょう。古くは、低いという認識の仕方はなく、したがって、「ヒクシ」という形容詞はありませんでした。軒先や屋根が低いのは短いと認識され、「ミジカシ」という形容詞で表されました。背丈が低いのも「ミジカシ」です。身分や位の低いことは「アサシ」、声の低いことは「ホソシ」で表されました。

それでは、古語の「タケシ」が表すような状態や性質は、現代の人々には認識されていないのでしょうか。そんなことはありません。勇ましい、強い、丈夫だなどという状態や性質は、十分に認識されています。ただ、「たけい」というような認識のし方はされていません。「イサマシイ」「ツヨイ」「ジョウブダ」などで表されるような認識のし方をされているわけです。

昔は、「ヒクシ」という形容詞は存在せず、「ミジカシ」「アサシ」などが低いという状態や性質を表していましたが、それと同様に、現代においては、「タケイ」という形容詞は存在せず、「武・剛・猛・健」などの性質や状態は、「イサマシイ」「ツヨイ」などが表しているということです。

古語にあって現代語ではなくなっている形容詞は、「アシ」「イミジ」「イックシ」「シルシ」など、たくさんあります。前掲の「トシ」にも対応する現代語はありません。形容詞に限らず、一語一語には、固有の語史があり、語形は変わらなくても、意味が変化しているものもあります。したがって、現代語に「タケイ」がなくなっていても、それを特別不思議に思うことはありません。と言ってしまえば、ご質問に対する回答は終わりなのですが、実は、「タケイ」が現代語に存在しないことには、一語の範囲を越えた理由があるのです。

古語にあってそれに対応する現代語がない形容詞を捜し出してみますと、「アハッケシ」「アマネシ」「シゲシ」「シヅケシ」「（トコロ）セシ」「ナメシ」など、語幹末がエ列音であるク活用形容詞が存在することに気づかされます。そして、語幹末がエ列音のク活用形容詞に当たってみますと、すべてが、現代語には存在しません。「タケシ」もそのグループに属する形容詞なのです。

どうして語幹末がエ列音のク活用形容詞は現代語の形になれなかったのか、その理由についてはいろいろの解釈が可能ですが、ともかくそれに対応する形容詞が現代語に存在しないことは確かです。ただ、「アマネク」「シゲク」などの副詞形は比較的よく用いられますし、連体形が古い文体で用いられることもあります。

ちなみに「モノミダカシ（物見高）」という形容詞がありますが、これは「モノミダケシ」とも言い、おそらくこの語の方が先からあったものと思われますが、「モノミダカイ」しか残っていないのも同じ理由によるものと考えられます。

Q23 形容詞「タカシ（高）」の対義語は「ヒクシ（低）」ではないのか？

今昔物語集巻十九の八話に、「空ニ数《あまた》の鷹高《たかたか》ク飛《と》ビ短《みじか》ク飛《とび》ツ、追《おひ》テ来《きた》ル。」というところがあり、「タカク」と対になる「短ク」を「ミジカク」と読んでいます。これは「ヒクク」と読むべきではないでしょうか。

A 確かに、現代語では、鳥は「高く飛び、低く飛ぶ」のように言いますから、「みじかく飛ぶ」というのは変に感じられます。手元にある比較的最近の注釈書を見てみますと、日本古典文学全集本では「短《みじか》ク」と読んでいます。新日本古典文学大系では、

(1)空ニハ数《あまた》ノ鷹高ク飛ビ短ク飛《とび》ツ、追テ来ル。

のように「短ク」には仮名をつけて読みを示していません。しかし、脚注に「低く飛んで。」と意味を注していながら、読み仮名をつけていないので、おそらく「ミジカク」と読んでいるのだと思います。特に別の読み仮名をつけなければ、「短ク」は「ミジカク」と読むのが普通の文字だからです。

「短ク」を「ミジカク」と読むのはまったく問題ないのですが、「高イ」の対義語は、「ミジカイ」ではなく、「ヒクイ」ではないのかというのが、誰もが抱く疑問でしょう。事実、日本古典文学大系は、

(2)空ニハ数《アマタ》ノ鷹高ク飛ビ短《ヒキ》ク飛《トビ》ツ、追《オヒ》テ来《キタ》ル。

のように「短ク」を「ヒキク」と読んでいます。

しかし、無理をして「短ク」を「ヒキク」などと読まなくともよいのです。「ヒキク」については後で説明しますが、平安時代の仮名文学資料には、

(3)みじかき灯台に火をともして、いとあかうかかげて（枕草子・きよげなる男の）
(4)たけの高くみじかからむ人などや、いかがあらむ（枕草子・内裏の局、細殿いみじうをかし）

などのように、現代語ならば「ヒクイ」というはずのところを「ミジカイ」といっている例がたくさんあるのです。(3)の「みじかき灯台」は、灯台（＝燭台）には丈の高いものと低いもの

の二種類があり、低いものの方をいうのですが、『今昔物語集』にも、

(5)短キ灯台ヲ取リ寄テ、双紙ヲ見テ臥タリ。（一七・三三）

という例があります。これは素直に「ミジカキ」と読んでいいところであり、そう読まなければならないところです。また、

(6)水ノ面ニ、草ヨリハ短クテ、青キ木ノ葉ノ有ルヲ手ニ障リケルマ、ニ引タリケレバ（二六・三）

という例もありますが、(4)などの例に照らせば、「ミジカクテ」と読まなければならないということになるでしょう。

以上、今昔物語集の例を三つあげました。日本古典文学大系では、三例とも「ヒキシ」と読んでいますが、日本古典文学全集と新日本古典文学大系では「ミジカシ」に改めています。

それでは、なぜ「ヒクシ」という語を用いないのでしょうか。それで当時の表現には不自由がなかったのでしょうか。平安時代の文献資料を広く調べてみても、「ヒクシ」は見当たりま

せん。実は、その代わりに別の語が用いられているのです。高さが少ない、低いという時に「ミジカシ」が用いられることは(3)や(4)の例で見ましたが、

(7)もとの品高くうまれながら、身は沈み、位みじかくて人げなき（源氏・帚木）

(8)位あさく何となき身の程、打ち解け、心のままなる振る舞ひなど物せらるな（源氏・梅枝）

(9)高く細く名乗り、また、人々侍はねば、名対面つかうまつらぬよし奏するも（枕草子・殿上の名対面こそ）

などのように、位や身分が低いの意味には、「ミジカシ」や「アサシ（浅）」が、声が低いの意味には「ホソシ（細）」などが用いられています。前者については、「アヤシ」「シモ（下）」なども、そして、後者については、「チヒサシ」「シノビヤカナリ」なども用いられました。つまり、こういう語によって、それぞれの意味が表現しえたので、「ヒクシ」は必要なかったのです。

それにしても、「低イ」は、「高イ」の対義語で、現代語では基本語の一つです。そういう重要語が平安時代には存在しなかったのはどうしてでしょう。そして、いつごろから用いられる

ようになったのでしょう。

実はこのことに関しては、以前調べてみたことがあり(注)、前掲の『今昔物語集』の読みの改正などもその研究成果によっているのです。その概要を紹介しましょう。

「ヒクシ」は「ヒキシ」から成立したものですが、「ヒキシ」そのものが形容詞としてなかなか許されない形をしていたのです。奈良時代から、「ヒキヒト（侏儒）」「ヒキヤマ（短山）」などの形で形容詞「ヒキシ」の語幹に相当する「ヒキ」が存在したことは認めてよさそうです。しかし、室町時代ころまでは、ク活用形容詞の語幹にはイ列音で終わるものは立てないという語音構造上の厳しい決まりがあり、「ヒキ」は「キ」というイ列音で終わっていますから、ク活用形容詞を作ることができなかったのです。形容詞が作れない場合には、形容動詞になればよい。「オホキナリ（大）」がよい例です。「オホキ」はやはり「キ」で終わりますから、形容詞になれず、形容動詞になったのです。「ヒキナリ」も実際に用いられた例は多くありませんが、確実に存在します。

さてそれでは、現在用いられている「ヒクイ」はいつごろどのようにして成立したのでしょうか。室町時代ころ上記の語音構造の決まりが緩くなり、「ヒキシ」が許されるようになります。「オオキシ」も同じ理由で成立します。しかし、やはり「ヒキシ」は規則に反していて落ち着かない。そういうことで「キ」を同様に狭い母音を持つ「ク」に代えて「ヒクシ」が成立したものと考えられます。

注　北原保雄「形容詞『ヒキシ』攷―形容動詞「ヒキナリ」の確認―」（『国語国文』三七巻五号　昭和四三年五月）

Q24 「陳述の副詞」か「叙述の副詞」か？

私の使用している古典文法のテキストでは、副詞を「状態の副詞」「程度の副詞」「叙述の副詞」の三つに分けています。「叙述の副詞」は「陳述の副詞」と呼ぶのが普通ではないかと思いますが、ご教示ください。

A 例によって、まず実態について調査をしてみましょう。高校用の古典文法のテキスト三十五冊を調べたところ、副詞について詳しく述べていない三冊を除いて他はすべて三種類に分類しています。そして、「状態の副詞」と「程度の副詞」については、一部に「状態を表す副詞」「程度を表す副詞」とするものがありますが、「状態」「程度」とするところには、全く異同がありません。ところが、問題の副詞については、次のように、その呼び方がさまざまです。

陳述の副詞　十七冊
叙述の副詞　六冊
呼応の副詞　四冊

叙述と関係のある副詞　三冊
叙述・陳述の副詞　一冊
受ける語に一定の言い方を要求する副詞（陳述副詞）　一冊
その他　三冊

右の集計結果を見ますと、「陳述の副詞」とするものが圧倒的に多くなっていますが、この中には、同じ出版社から出ているものが、五冊（A社）、二冊（B社）、二冊（C社）、二冊（D社）などとあって、もし出版社で統一をとるような方針をとっているところがあれば、十七冊という数はそのまま受け取れないことになります。

それよりも、もっと重要なことは、これら十七冊の中には、「叙述の副詞」「呼応の副詞」とも言うとか、（　）でこれらの呼び方を併記あるいは注記しているものが多いということです。整理した形で示しますと、

叙述の副詞・呼応の副詞とも言う　七冊
叙述の副詞とも言う　五冊
呼応の副詞とも言う　二冊

他の呼び方は示さない　三冊

という状態です。つまり、十七冊のうち、十二冊が「叙述の副詞」という呼び方もあげ、九冊が「呼応の副詞」という呼び方もあげているわけです。

言うまでもなく、「叙述の副詞」「呼応の副詞」とするテキストの中にも、他の呼び方を併記あるいは注記しているものが多数あります。「叙述と関係のある副詞」とする三冊は同一出版社（E社）のものですが、「叙述の副詞」という術語を立てることに躊躇しているのでしょう。「叙述・陳述の副詞」とする一冊は、叙述あるいは陳述と呼ばれるべきものを一括してしまったのでしょうか。その他の三冊については、前述しました。

中学校の実態はどうなっているでしょうか。五社から出ている国語教科書は、次の通りです。

光村図書……陳述の副詞（述べ方の副詞）
三省堂………陳述の副詞
教育出版……叙述の副詞
学校図書……呼応副詞。叙述副詞、陳述副詞ともいう。

東京書籍……文の述べ方を決める副詞

ご覧の通り、ここでも呼び方はさまざまです。高校のテキストの呼び方のすべてが出ています。光村図書の「述べ方の副詞」などは高校にはないものです。学校図書では「呼応の副詞」ではなく、「呼応副詞」としています。これも高校にはなかった呼び方です。学校図書では他の二つの副詞についても「状態副詞」「程度副詞」と呼んでいますが、言うまでもなく、「の」のない方が術語としてより熟した呼び方です（褒めているのではありません）。

さて、以上を踏まえて何と呼んだらいいかということになりますが、高校のテキストでも「陳述の」「叙述の」「呼応の」が鼎立していますし、中学校の検定済教科書でも三者がいずれも認められているのですから、どれがよくてどれがだめだということは、簡単に答えられません。ただ、それぞれの呼び方が、どうしてそう呼ばれるのか、どういう意味を表すのか、ということを考えておくことは大切でしょう。

「陳述の副詞」は、山田孝雄博士の命名になるものです。陳述も山田博士の案出したものですが、山田博士の陳述は動詞にも存在するもので、非常に広いものです。現在では、山田博士の陳述は、陳述と叙述とに分けるべきだというのが、ほぼ通説になっています。「陳述の副詞」は、この叙述をも修飾するのですから、あまりいい呼び方とは言えません。それにもかかわらず、この呼び方をするテキストが多いのは、「状態」「程度」と並んでポピュラーな呼び方になっているからでしょう。

この副詞は、陳述と叙述の両方を修飾するのですから、「叙述の副詞」という呼び方も、部分的であり適当でないということになります。しかし、この呼び方の場合の「叙述」は、陳述と並ぶ文法的職能をさすものではなく、述べ方というような意味で用いられているのでしょう。むしろ、陳述が文法的な術語であることを嫌った呼び方だと思います。

しかし、それでも「叙述」というと、どうしても術語が想起されてしまいます。「呼応の副詞」は、それを嫌って、形式の面から付けられた呼び方です。陳述とか叙述とか内容的なこと（文法的職能）は言わずに、一定の言い方と呼応する（言い方を要求する）という形式面をとらえた呼び方です。「陳述の副詞」「叙述の副詞」とするテキストでも、ほとんどがこの呼応の面から説明をしています。「陳述」「叙述」は分かりにくい術語ですから、「呼応の副詞」あたりがベターな呼び方ではないでしょうか。ちなみに私の『古典にいざなう新古典文法』（大修館書店）では「呼応の副詞」としています。

Q25 「おはす」はサ変動詞か？

サ変の動詞は、かつて「す」一語であると習いましたし教えましたが、今では殆どの文法テキストが、「おはす」も加えています。どう考えたらいいのでしょうか？

A しばしば受ける質問ですが、それだけ疑問に思っている人が多いということでしょう。

現行の古典文法のテキストを瞥見してみますと、サ変動詞は、

① 「す」一語だけ（およびその複合動詞）とするもの
② 「す」と「おはす」の二語とするもの
③ 「す」一語だけとするが、「おはす」をサ変とする説もあると注記するもの

の三種がありますが、要は、「おはす」の活用がサ変なのかどうかということです。

実は、「おはす」の活用を何と見るかについては、いささか歴史があるのです。つまり、早く江戸時代に本居春庭（『詞八衢』）がサ変としたのですが、その後、僧義門（『山口栞』・上）が四段と目される例を指摘し、これを受けて明治以後、大槻文彦博士（『広日本文典別記』）が、サ

変ではなく四段と下二段の両用に活用するという説を提唱、この説を山田孝雄博士（『日本文法論』）が熱烈に支持したことから、サ変説は一時後退したのです。

しかし、四段または下二段と見なさなければならない用例は少なく、これらについては誤用や誤写の可能性も考えられますし、多くの用例がサ変の活用形になっていますので、現在では、一元的にサ変と見るのがいいとする説が、むしろ一般だと言えましょう。（松尾捨治郎『国語法論攷』、宮地幸一『おはす活用考』、慶野正次『動詞の研究』など。）

そういうことで、古典文法のテキストにおいても、以前は、「おはす」をサ変としないものが圧倒的に多かったのですが、最近では、サ変の中に入れるものが多くなっているのです。「す」一語だけとするテキストの中にも、「おはす」をサ変だと認めないのではなく、「す」および「す」の作る複合語だけをあげておけば十分だという理由から、「おはす」に言及しないものもあるようです。

以上で、回答の大筋は終わりですが、もう少し詳しく説明しましょう。大槻文彦博士は、『広日本文典』（一八九七）では、

○佐行変格。変格ノ第二ナル活用モ、唯、一種ニテ、す（為）ト、おはす（御坐）ト、ノ二語ニ限ル。（第一三二節）

と述べて、「おはす」をサ変とする立場をとっているのです。しかし、博士の真意は別にあり、発行年月日の同じ、付録別記である『広日本文典別記』には、

　サテ、其語原ナル「ます」ハ、四段活用ナレバ「おはす」モ、元来、四段活用ナルベク、其用例モ、往々アリ。（次ニ挙グベシ、）サルニ、又、下二段活用ナルガ如キ用例ハ、枚挙スルニ暇アラズ、語原ナル「ます」ノ、下二段ニ活用シタル明證ハ無ケレド、後世、打消ニ「ませぬ」ト用ヰ、未来ニ「ませう」（「ませむ、」ノ音便、）ト用ヰ、「ば」ニ接シテ、「ますれば」ナド用ヰルモ、何カ由アリゲナリ、扨、ソレヨリシテ別ニ、更ニ、下二段活用ニテ、「おはす」トイフ動詞ヲモ生ジタルナルベシ。（中略）扨、其二様ノ活用、混淆シテ、遂ニ佐行変格ノ活用ト見倣セルナラム。而シテ、若シ鄙見当レリトセバ、佐行変格ニ活用スル語モ、「す」（為）ノ一語ニ限ルトセムカ。（九〇節）

と述べ、「おはす」をサ変からはずそうとしています。

『文典』で「おはす」をサ変としたのは、当時の通説に従ったもので、『別記』には、

然レドモ、「おはす」トイフ動詞ノ活用ハ、佐行ノ変格ナリトイフ事、国語家ノ間ノ一定ノ論ニテモアリ、前ニ述ベタル考證モ、更ニ、一層、推究スベキ所モアレバ今ハ、姑ク、世論ニ従ヘル事、本文ノ如シ。（九〇節）

と述べてあります。当時は、サ変とするのが通説だったことも読み取れます。

山田孝雄博士の『日本文法論』（一九〇八）には、次のように述べられています。

この「おはす」といふ用言は八衢に佐行変格と断定してより殆一定の姿となり、多くの学者首を傾けつゝもかの創始者の権威に圧せられて十分に否定の声を発すること能はざりき。篤学、大槻氏の如きすらその然らざる殆十分なる證拠を有しながらもなほ最後の断案を下すに躊躇せられたり。吾人はこゝにこの用言が所謂佐行変格の活用にあらずして四段と下二段との二様に活用するものなることを断定せむとす。

顧みれば、吾人は大槻氏の呈供せられし例證の外に殆出づること能はざるなり。しかもこの用言の活用は大槻氏の言の如く、四段と下二段と両様に活くものなることを決せむと欲す。（三二七ページ）

つまり、大槻博士はかなり躊躇し遠慮がちに「おはす」サ変説を否定しているのですが、山田博士はこれを受けて決定的に否定したのです。以後、『大言海』(一九三二〜一九三七)は大槻博士の編になるものであるから当然のことですが、『大辞典』(一九〇八)『大日本国語辞典』(一九一五〜一九一九)などの代表的な国語辞典も「おはす」をサ変とせず、橋本進吉博士の『新文典』(一九三一〜一九三六)『同別記』もサ変説をとらずという次第で、サ変説はすっかり劣勢化したのでした。

サ変説が、今日のように優勢になったのは、もう一度、「おはす」の活用について根本的に洗い直した結果です。その代表は、前掲の宮地幸一博士や慶野正次博士などの研究ですが、少数だけ存在する、「おはさ」(四段未然形)、「おはせ」(下二段連用形)、「おはす」(四段連体形)、「おはせ」(四段已然形・命令形)などの用例が、逐一検討され、それらの多くが、テキスト本文に問題があったり誤用によるものであることが明らかにされたのでした。また、大槻博士や山田博士が四段未然形の例としてあげている、「おはさうず」「おはさうずる御子」などは、それぞれ「おはさふ」「おはさうず」という動詞で、「おはさう人々」「おはさ」の部分を「おはす」の未然形と見るのは誤りです。このことからも四段未然形とされた多くの用例が除外されることになります。

Q26 接頭語・接尾語はなぜ「古典文法」のテキストで扱われないのか？

接頭語と接尾語は、どの「古語辞典」にもきちんと説明してあります。しかし、「古典文法」のテキストには、説明をしてあるものが、まずありません。一体、これはどうしてなのか、またどういうわけで、そうなったのか、説明していただきたいと思います。

A 「古語辞典」には、接頭語・接尾語について、きちんと説明してあると言われますが、「古語辞典」には、「ご（御）」「うち（打ち）」などの接頭語や、「げ」「み」などの接尾語が取り上げられているのであって、「接頭語」「接尾語」という述語そのものが取り上げられているわけではありません。付録などで、文法用語を解説している場合は別ですが。

「古典文法」のテキストは、それほど多くのものに当たっていませんが、たしかに接頭語・接尾語について詳しく説明しているものはないようです。（ただし、簡単に言及しているものはあります。）それはどうしてなのか。私が書いたものではありませんので、責任のあるお答えはできませんが、忖度するに、それは、「古典文法」が単語以上を記述の対象としているからだと思われます。

ことばについて考察する場合、小さい方から順に、

単音―音節―形態素―単語―文の成分―文―文章

などの単位を設定するのが、一般です。いくつかの単音が集まって一つの音節が構成され、いくつかの音節が集まって一つの形態素が構成され、いくつかの形態素が集まって一つの単語が構成される……というように考えるのです。そして、単音や音節を対象とする研究が音声学や音韻論であり、音節と形態素との関係を対象とするものが形態音韻論、形態素そのものを対象とするものが形態素論、形態素と単語との関係を対象とするものが語構成論、単語そのものを対象とするものが品詞論、文の成分がどのようにして構成され、どのようなものであるかを研究するのが文の成分論、文の成分と文の関係、文そのものを対象とする研究が文論、文と文章との関係、文章そのものを対象とする研究が文章論、ということになりましょう。細かく見ると、重なるところが出てきたりして、分野区分はそれほど截然とはいかないのですが、今は、この区分の全体を問題にするのではありませんから、あまり深入りしないことにします。

さて、右の区分からすると、「古典文法」のテキストでは、主として、品詞論・文の成分論・文論の三つを取り扱って、語構成論以下と文章論とは取り上げないということのようで

す。

文章論を取り上げないのは、文章論は文章を対象とするものだから、文を対象とする文法論とは一線を画すべきで、したがって、「古典文法」の中にも、文章論に関するものは入れないというような理由からではないかと想像されます。

そして、語構成論以下を取り上げないのは、文を構成する単位は単語以上であり、したがって、文法論の対象になるのは単語以上であるという考えに基づくのではないかと想像されます。接頭語・接尾語は語構成論で扱われるものだから、「古典文法」では取り上げないというわけです。

以上で、ご質問への答えは一応済んだことになりますが、ご質問には、それでいいのか、接頭語や接尾語についての説明はなくてもいいのか、という含みがあるように感じられますので、その点について、少し私の考えを述べておきたいと思います。

ここでは、語構成論は文法論の中の一分野だから、「古典文法」の中でも接頭語・接尾語は取り上げられるべきだというような、杓子定規な考え方はしないことにしましょう。しかし、接尾語の中には、補助動詞や助動詞あるいは助詞と容易に区別しがたいものがあります。時枝文法では、「る・らる・す・さす・しむ・まほし・たし」などは接尾語とされています。山田文法では助動詞は複語尾と呼ばれ、動詞や存在詞の語尾として扱われています。また、「言はく」「申さく」などの「く」には、準体助詞とする説と接尾語とする説とがあります。

接尾語は、また、

何の　心ばせ　ありげも　なく（源氏・夕顔）

あやしの　山がつ　めきて（源氏・須磨）

の「げ」「めく」などのように、単語の枠を越えて、文の構成にあずかる場合もあります。右の例では「げ」は、単語「あり」に下接しているのではなく、「何の心ばせあり」全体に下接していると解釈すべきです。また、「めく」は、単語「山がつ」にではなく、「あやしの山がつ」全体に下接していると解釈すべきです。接尾語は、補助動詞や助動詞・助詞に準じて、もっと取り上げられてしかるべきものでしょう。

また、「古典文法」は古典解釈のためのものですから、接頭語・接尾語が古典解釈にかかわってくるものであるとすれば、取り上げるべきです。「とすれば」と仮定的な言い方をしましたが、接頭語・接尾語は、古典解釈に大いにかかわります。

たとえば、「ご（御）」や「うち（打ち）」という接頭語の意味や用法を知ることによって、

「ご」や「うち」の付いた名詞や動詞の意味が統一的に理解できるようになります。「げ」や「がまし」という接尾語について知ることによって、それらの付いてできた形容動詞や形容詞の意味が統一的に理解できることになります。そういうことで、「古語辞典」には、接頭語・接尾語の項目が多数立てられているのです。「古語辞典」は一項目ずつばらばらに取り上げますが、それらをまとめて通則を記述するのは、「古典文法」のなすべきことです。古典解釈のためという点からも、接頭語・接尾語は、「古典文法」にもっと取り上げられてしかるべきだと思われます。

Q27 接辞と単語の違いは？

単語に接頭語・接尾語が含まれない理由がよくわかりません。助詞・助動詞と文法上どう違うのでしょうか。

また、その他に単語から除外されている語群があるのでしょうか。すべての語を網羅した分類があってしかるべきだと思うのですが。

A 接頭語・接尾語は（以下併せて呼ぶ場合は接辞）、単語を構成するものですから、単語の一員でないのは当然です。こう答えてしまえば簡単ですが、接辞と単語とはなかなか截然と区別しにくいところがあるのです。

お尋ねの接尾語と助詞も、その一つです。助詞は自立語に付いて文節を構成するものだということになっていますが、「私のが」「行くのを」「誰ぞが」「着いてからが心配だ」「買ってくほどでもない」などの傍線を付した助詞は、全体として体言と同じ職能をもったものを作っており、(注1)接尾語と変わりがありません。

橋本進吾博士は、右掲のような例について興味深い説明をしています。たとえば、準体助詞の「の」は、「行く」に付いて「行くのは」「行くのが」「行くのを」「行くのだ」などの文節を作ることでは、体言の「花」が「花は」「花が」「花を」「花だ」などの文節を作るのと同じであり、また、これらの文節が他の文節に続いて、いわゆる主語や目的語になり、あるいは言い切りとなって、述語となるのも同様です。しかし、他の文節を受ける場合は、「行くのは」などの文節は「そこへ」「私が」などの文節を受けますが、「花は」などの文節はこれらの文節を受けることができず、逆に、「行くのは」などの文節が受けることのできない「この」「赤い」などの文節を受けることができる、という違いがあります。つまり、準体助詞「の」の付いたものは、文節の作り方および他の文節への続き方においては、体言と同じ資格を有しますが、他の文節を受ける受け方は、体言と違っている、ということです。(注2)

　これはどういうことかと言いますと、準体助詞「の」の付いたものは、他の文節を受ける関係においては、もとの品詞の資格を変えない、ということです。これは、接尾語と著しく相違するところです。たとえば、「めく」という接尾語の付いた「春めく」は、文節の作り方、他の文節への続き方はもちろん、他の文節の受け方も、動詞と全く同じです。「春めく」は動詞です。つまり、接尾語「めく」は単語（動詞）を作りますが、準体助詞「の」は単語（名詞）を作るとは言えません。

　ただ、接尾語も、時枝誠記博士が、

私に何か云ひたげにしてゐた。

地に届きさうな様子です。

あなたにほめられたさにそんな事をするのです。

などの例をあげて、第三例で言えば、「さ」は、「ほめられたさ」で一語を構成しているのではなく、「あなたにほめられた（い）」に付いているものと考えるべきであり、「それ自身一語として、他の語と同等の資格を以て結合してゐるものである。(注3)」と説明しているように、準体助詞「の」と同じような文節の受け方をする場合もあります。

助動詞の場合は、接尾語との違いがもっとはっきりしません。山田孝雄博士は、助動詞を二分して、一つを形式用言とし、もう一つを「単語にあらずして用言の語尾の複雑に発達せるもの(注4)」とし、複語尾と呼んでいます。山田文法では、他に接頭辞・接尾辞を立てており、複語尾は接尾辞とは別のものですが、単語でないことは明白です。時枝博士も「せる」「させる」「れる」「られる」「たい」などを接尾語としています。それぞれ固有の文法理論によっているものであり。山田文法における複語尾と時枝文法における接尾語とは同じものではありませんから、結論だけを鵜呑みにしてはいけませんが、橋本博士も、実は、「せる」「させる」「れる」「られる」「たい」は、それの付いた語が他の文節を受ける資格に変動を及ぼすことがあるかないかという基準によって見れば、「この種の助動詞は辞とは認めがたく、むしろ接辞の類に入れなければならないのである。(注5)」と述べているのです。私は、「ない」もこの類に入るものと考えています。

接頭語については、詳しく述べませんが、たとえば、「全国」の「全」、「取り扱う」の「取り」などは、接頭語なのか複合語の構成要素なのか、また、「ほのめく」「ほのぐらい」「ほのぼの」は、それぞれどのように違うのか、など説明の難しいものがあります。

結論は以下のようなことでしょう。はっきりと単語だと言えるもの、はっきりと接辞だと言えるものがほとんどですが、その境界に、接辞的な単語と単語的な接辞とがあるということでしょう。時枝博士は、「国語の接尾語をもし定義するならば、比較的独立性が少く他の語と合して一語を構成することの出来る語とでも云はなければならない。(注6)」と述べています。

「単語から除外されている語群」は、単語の認定や品詞分類がしっかりしていれば、出てこないはずです。ただ注意すべきは、単語のことを、「名詞」「動詞」などと「詞」と呼び、接辞のことを「接頭語」「接尾語」などと「語」と呼び、さらに文の成分を「主語」「述語」などと「語」で呼んでいることからくる混乱です。「語」を構成する接辞や「語」で構成される文の成分を「語」と呼ぶことが、語についての認識を混乱させる要因になっていると思います。

注1　橋本進吉『国語法研究』（岩波書店）　七二ページ
注2　同右　八七ページ
注3　時枝誠記『日本文法　口語篇』（岩波書店）　一五四ページ
注4　山田孝雄『日本文法学概論』（宝文館）　二〇一ページ
注5　注1文献九六ページ
注6　注3文献一五五ページ

４章　文と文章の区別は？

——文の構成・文の成分に関するＱＡ

Q28 文と文章の区別は？

文と文章とは区別した方がよいのでしょうか。また、区別するとしたら、どのように区別したらよいでしょうか。

A 結論から言って、私は、文と文章とは明確に区別すべきであると考えていますが、例によって、高校用古典文法テキスト三十七冊を調べてみましょう。その内訳は、言葉の単位として、

文章を立てるもの　　十三冊
文章を立てないもの　二十四冊

というところです。文章という単位を立てていないものが、倍近いわけですが、これら二十四冊のすべてが、文と文章とを区別していないということではありません。

例えば、次のようなものがあります。

①文→文節→単語　文法上で取り扱われる最も大きな単位は文章だが、重要なのは上記の三単位。
②文法の単位　言語の単位としては、文章、段落（だんらく）、文、文節、単語の五つがあるが、文法で主として扱うのは文、文節、単語の三つである。

などは、文章については何も説明していませんが、文と文章とを区別していることは明確です。ただ、

③口語は日常の談話に用い、また文章を書き表すのに用いる言語である。文語は……文章を書き表わす時だけに用いられる。
④文字で書く文章にあっては、平安時代のことばがほぼ固定して受け継がれた特別のものが用いられてきた。これを文語という。

などでは、文章は、書き言葉の意味に用いられており、言葉の単位としての文章は考えられていないようです。

しかし、言葉の単位として文章を立てないものの多くは、文と文章とを区別した上で、しか

し、文法で扱う対象は文以下の単位であるという考えから、文章については取り上げないということのようです。

それでは、言葉の単位として文章を取り上げているテキストは、どんな説明をしているのでしょうか。③④と同じく文章を書き言葉と考えているものもあります。

⑤書きことばを用い、全体として一つのまとまった思想や感情を表したもので、ことばの単位として最も大きいものを文章という。

⑥ふつう、一つのまとまった思想や感情を言語で表し、これを文字で書いたものを文章という。

これらのテキストでは、文章は、「書きことばを用い」とか、「文字で書いたもの」とかに限定されています。しかし、こういう考え方をするものは、ごく少数で、例外に属すると言っていいでしょう。

拙著『古典にいざなう新古典文法』（大修館書店）には、

⑦『竹取物語』のように、文がいくつか集まって一まとまりの表現になったものを文章と

言います。

文章は、言葉の単位としてはもっとも大きく、多くの場合、二つ以上の文から構成されていますが、和歌や俳句のように、一つの文だけで一つの文章になる場合もあります。

と書きましたが、これは、随分曖昧な説明です。定義と言えるほど精確なものではありませんが、例示的、形式的、内容的の三つの面から定義をしようとしています。

例示的な定義は、形式的、内容的に的確に定義をすることが難しい時によく用いられる方法です。「『竹取物語』のように」というのがそれです。

⑧一編の小説・詩歌・記録・手紙、あるいは一場の講演・あいさつなどのように……

などは、その典型的な例です。

形式的な定義は、「文がいくつか集まって」「言葉の単位としてはもっとも大きく」「一つの文だけで一つの文章になる」などの部分です。しかし、二つ以上の文でも一つの文だけでも文章になるというのでは、定義になりません。

そこで、内容的な定義ということになるのですが、これがたいへん難しいのです。私のテキストでは、「一まとまりの表現」と簡単に済ましてありますが、最も詳しいものでも、

⑨文がいくつか集まって、まとまった考えや感情、事実を表した、表現の全体を文章という。

くらいのもので、これでは、文との違いがはっきりしません。

実は、文章が言葉の単位として認められるようになったのは、比較的最近のことなのです。詳しいことは省略しますが、(注1)文と文章を明確に区別して、文章論という分野を確立したのは、時枝誠記博士です。それ以後、文と文章を区別することは、ほぼ学界の常識になっていますが、どのように区別するかは、意見の分かれるところです。そういう中で、佐伯梅友博士は、

⑩ここで「文章」というのは、ことばが実際にことばとして用いられたもので、いわゆるなまのことばを言う。口から出る会話のことばでも、手紙でも文学作品でも、社会的なはたらきとして実存するものは、すべて「文章」なのである。

文法上で「文」というのは、その「文章」の中から抜き出したものである。なまのこ

とばである「文章」としては、具体的なものであるが、「文」として抜き出すと抽象的なものになってしまう。
文法では、「文」を考察の中心に置くが、解釈は、常に文章の中においてしなければならない。(注2)

と述べています。理論的にもすっきりしていますし、実際にもやりやすい方法で、従うべき見解だと思います。

注1　北原保雄『日本語の世界6　日本語の文法』（中央公論社）三七ページ
注2　佐伯梅友『新古典文法』（三省堂）六ページ

Q29 文とは何か?

Q28を読んで、文とはどういうものか、よく分からなくなりました。分かりやすく説明してください。

A Q28のAでは、文と文章の違いや関係について説明をしました。したがって、それでは、文とはどういうものであるか、という疑問が出てくるのは当然のことでしょう。

「文法」は文のきまり(法)という意味ですから、「文」は言葉の基本的な単位のはずです。文がしっかりとおさえられていなければ、文法は始まらないはずです。しかし、実際には、文がどのように構成されるかが主として問題とされ、文がどういうものであるかについては、あまり議論されていません。それどころか、学校文法では、文がどのように構成されるかについても、あまり多く取り上げられず、品詞論が中心になっているのが現状です。

確かに、文はどのようなものであるか、その定義は容易ではありません。また、古典解釈のための文法には、文の定義はそれほど必要ないかもしれません。しかし、文がいかなるものであるかがおさえられなければ、「文章」も「文の成分」も、そして「単語」も定義が明確になりません。なぜならば、一つの単語が、文の成分も文も、そして文章も構成することがあるのですから。

　さて、それでは、文とはどんなものでしょうか。どういうものだと考えたらいいでしょうか。文の定義は、前述のようにとても難しいのです。高校用古典文法テキストの多くには、内容的な定義として、

①一つのまとまった思想や感情を表す一続きの言葉を文という。

と説明されていますが、「一つのまとまった思想や感情」とはどういうものでしょうか。文章も一つのまとまった思想や感情を表すものではないでしょうか。また、「一続きの言葉」とはどういうものでしょうか。文章も文の成分も、一続きの言葉です。そこで、多くのテキストは、形式面から、

②文はその終わりで言葉が切れ、文字で書くときには、そこに句点（。）を付ける。

というような説明を付け加えています。しかし、これは、文であればそういう形式上の特徴をもつということで、まったく文の定義にはなっていません。

句点は言葉が切れたことを表すものです。しかし、句点が言葉を切っているのではありません。切れるところであるから、句点が付けられるのです。橋本進吉博士は、文の外形上の特徴として、

③(1)文は音の連続である。
(2)文の前後には必ず音の切れ目がある。
(3)文の終りには特殊の音調が加わる。

という三点をあげていますが(『国語法研究』)、このような形式上の特徴を表記の上で明示するために、句点が付けられるのです。

そして、注意しなければならないのは、切れるから文なのではなく、文だから切れるのだ、ということです。②も③も、あくまでも形式上、外形上の特徴であって、文についての定義にはなっていません。

以上のことについては、山田孝雄博士が『日本文法論』で的確な批判をしています。つまり、思想が完結しているとか、意義が完全であるとかということは、主観によって左右されることであるし、語調が円満に完結している(言葉が切れる)というのは、文の定義ではなく、

文が完結した結果において認められる現象である、という主旨のことを述べています。

それでは、その山田博士は、文をどのように定義しているのでしょうか。山田博士は、一つの思想には一つの統合作用が存するとして、それを統覚作用と呼びました。そして、一回の統覚作用によって統合された思想の言語的表現を句と呼び、文は句からなるものとしました。単文は一つの句からなる文であり、合文・重文・複文などは二つ以上の句からなる文だというのです。統覚作用ということを考えて、文をまず統一性のあるものとしてとらえたことは、とても優れていますが、難点は、文と句との相違が明確でないということです。山田博士は、前掲書で「句は文の素にして文は句の運用方法の名称なり」と述べていますが、句の運用方法については、ほとんど全く考察されていません。

統一性があれば必ず文であるということにはなりませんが、文にはまず統一性がなければなりません。つまり、山田博士は、文成立の必要条件を明らかにしたのです。

時枝誠記博士は、文の性質を規定する条件のうちの一つとして、

④完結性があること。

をあげています（『日本文法　口語篇』）。これは事新しいものではありませんが、時枝博士の場

合、主体的表現が文に完結性を与えるとしたところが、特徴的です。たとえば、

⑤花が咲いたら、見に行こう。

に完結性を与えて文を成立させているのは、主体的表現の「う」だというのです。これは博士独特の入子型構造から出てくる考え方なのですが、同じ主体的表現であっても、「たら」の方は「花が咲い」に統一性を与えるのみで、完結性は与えません。博士の考え方では、統一することと完結することとの相違がはっきりしないのです。また、

⑥花が咲いたら、見に行こうね。

では、「う」と「ね」のどちらが完結性を与えているのかはっきりしません。

結論は、単純のようですが、完結性は表現主体の精神の断止作用によって与えられる、ということです。「見に行く。」「見に行こう。」「見に行こうか。」「見に行こうかなあ。」「見に行け。」「見に行って。」などのように、主体的表現があってもなくても、いくつあっても、断止作用が働けば完結性が与えられ、文は成立します。

完結するところ、つまり文末には、主体的表現が必ず来ますが、主体的表現があれば必ず完結するということにはなりません。文が文であることの第一の条件は、完結性があるということです。

Q30 文節と文の成分の違いは？

文節と文の成分とは、違うものですか。違うものだとしたら、両者の違いについて説明してください。

A 結論的に言いますと、文節は、文を不自然にならない程度に細かく区切ったときの単位であり、文の成分は、文を組み立てる面から見た単位であって、文節が文の成分になるのですが、文節と文の成分は同じものではありません。

文節は、文を切っていって得られる単位です。文節は、橋本進吉博士が、その性質が音節に似ているというところから命名した術語で、まさに音韻的な単位だといっていいものです。橋本博士は、形の上から見た文節の特徴として、次の四点をあげています（『国語法研究』一〇ページ）。

①(1)一定の音節が一定の順序に並んで、それだけはいつも続けて発音せられる（その中間に音の断止がない）。

(2)文節を構成する各音節の音の高低の関係（即ちアクセント）が定まつてゐる。

(3)実際の言語に於ては、その前と後とに音の切目をおく事が出来る。

(4)最初に来る音とその他の音、又は最後に来る音とその他の音との間には、それに用ゐる音にそれぞれ違つた制限がある事がある。

例をあげて説明しないと分かりにくいものもあると思いますが、いずれも音韻的な特徴で、全く文法的な単位になるようなものでないことは明白でしょう。(3)にあるように、実際の言語においては、文節に分けることができるというのですが、それはどうして可能なのでしょうか。橋本博士は、

②文を文節に分つのは、日本人の言語意識として決して不自然でないこと、全く文法の知識のないものに、実際の文を分解させて見ても、大体之を文節に分ち得るのによつても明かである。

と述べています(同書一〇ページ)。しかし、どうして文節に分かち得るのかということについては、何も述べられていません。文節は、それが一まとまりの意味を持つものであるから、分けることができるのです。全く文法の知識がなくても、日本語の意味の分かる人は、文節に分

けることができるのです。この点については、時枝誠記博士が的確な批判をしています（『国語学原論』三一二ページ）。

③文節的分解は、一見音声を目安とした分解の様に考へられるが、音声はそれ自身何等分割せられる必然性を持たない。音声を分割するものは畢意思想の文節である。

橋本博士のあげた外形上の特徴は、文節が一まとまりとして成立した結果の特徴でしかないのです。

以上に見たように、文節とは、文を区切っていって得られる単位です。概念語（自立語）が一つあって、意味にまとまりがあるから、区切ることができる単位です。文の構成までを考えた単位ではないのです。例えば、

④美しい　花が　咲くだろう。

は、三つの文節に分けられますが、「美しい」は連体修飾の機能があるから区切られたのではは

なく、美しいという概念（意味）が明確な一まとまりだから区切られたのです。「花が」の場合はもっと明白です。「花」があるから文節になっているのであって、「が」があるから文節になるのではありません。文節に区切る場合には、「が」の有する主格の機能などは全く問題にされていないのです。

文の成分は、文を組み立てるはたらきを持った文の部分のことで、最初にも述べましたように、原則として、文節が文の成分になります。④の例で説明しますと、「美しい」は連体形であり連体修飾機能を有する部分であるから文の成分であり、「花が」は「が」が明示しているように主格の機能を有する部分であるから文の成分であるということになります。

文節では、区切れることが第一ですから意味のまとまりが優先されます。それに対して、文の成分では、文を構成する機能が第一に優先されます。同じ文の部分であっても、とらえ方が違うということです。

しかし、これは、文節文法の範囲のうちの話です。いわゆる学校文法は、文節文法を基本としているので、文節と文の成分は形態上はほぼ一致しますが、私の考えでは、文の成分は文節とは違ってきます。文の成分は、繰り返し述べているように、文を構成する成分のことです。④の文を文節に分けるのではなしに、どのように構成されているかということで見てみると、

まず、

⑤美しい花が咲く　だろう。

の二つに分けられます。「美しい花が咲く」の部分は、咲くか咲かないかが問題とし得る（真偽を問うことのできる）客体的表現です。それに対して、「だろう」の部分は、表現主体の推量を表していて、主体的表現です。二つは、全く表現の質の異なるものです。「美しい花が咲く」について、「だろう」と推量し、「か」と疑い、「ね」と念を押すのです。ですから、④のように、まず初めに「咲くだろう」という文節に区切ってしまうと、文の正しい構成が見えなくなってしまいます。

「美しい」は、「花が」という文節を修飾しているのではなく、「花」を修飾しているものであることが明白です。これも、文節をそのまま文の成分と見ることのできない一例です。

④の文は、

⑥美しい　花　が　咲く　だろう

のように『美しい』が「花」を修飾する、そうして構成された「美しい花」に「が」が添加した『美しい花が』が『咲く』と関係する、そうして構成された『美しい花が咲く』に「だろう」が添加する、そうして構成された『美しい花が咲くだろう』に完結性が与えられて、文が成立する、というように見るのが妥当でしょう。分解する場合もこの逆で、全く同様です。『　』の部分が、文の成分ということになります。

Q31 並立語は文の成分ではないのか？

私の使っている古典文法テキストは、文の成分として、主語・述語・修飾語・独立語だけをあげ、接続語や並立語をあげていませんが、並立語は文の成分ではないのでしょうか。

A ご質問の通り、並立語を文の成分の一つとして認めていない古典文法テキストはたくさんあります。手もとにあるテキスト三十七冊を調べてみた結果は、明確に分類できないものもありますが、ほぼ次のようになります。

文の成分として認めるもの　二十一冊
文の成分として認めないもの　十四冊
その他　二冊

文の成分と認めないテキストでは、ほとんど文節と文節の相互の関係の中に、対等（並立、並列などともする）の関係を立てています。つまり、並立語は文節ではあるが、文の成分ではないという理屈です。学校文法では、文節と文の成分との関係ないし相違がよく問題になりますが、文の成分は文を構成する成分であるが、並立語は文を直接構成するものではないというのです。一例をあげましょう。

並立の関係――対等の関係で並立している文節のそれぞれを、並立語という。並立語どうしはまとまって、文の一成分となる。（『新編古典文法』文英堂）

傍点の部分は、赤い文字で強調されています。確かに、

①神楽《かぐら》こそ、なまめかしく　おもしろけれ。

②あるじと　住みかと　無常を争ふ　さま

の①では、「なまめかしく」と「おもしろけれ」とがまずまとまって、それが全体で述語という文の成分になっています。また、②では、「あるじと」と「住みかと」とがまずまとまって、主語という文の成分になっています。しかし、それは、

③美しき　花　咲けり。

④山の端《は》　いと　近し。

の、連体修飾語「美しき」や連用修飾語「いと」にも、全く同様に言えることです。「美しき」は「花」を修飾するもので、「美しき花」の全体が主語という文の成分になっています。「いと」も「近し」と一緒になって述語になっているのです。そう考えると、並立語だけを、文を直接構成するものでないからという理由で、文の成分として認めない理屈は成り立たないことになります。並立語を文の成分として認めないのなら、全く同様の理由で、連体修飾語もそして連用修飾語も文の成分として認められないということになります。

　並立語の場合、並立する二つあるいはそれ以上の文節が、対等の資格で並んでいるとか、意味上対等の関係にあるとかいうとらえ方で終わっているところに問題があるように思われます。①の例で言いますと、確かに、「なまめかしく」と「おもしろけれ」とは、意味上対等の関係にあり、「おもしろく、なまめかしけれ」のように順序を入れかえても、意味は変わりません。しかし、「なまめかし」と「おもしろし」とが、文法上、並立の関係になるのは、「なまめかし」が「なまめかしく」という並立の形をとっているからです。「なまめかしく」が並立のはたらき（職能）をもっているから、並立の関係が成立しているのです。

①の場合は分かるが、②の場合は、「あるじと」と「住みかと」とは、両方に「と」という並立助詞が付いており、対等の資格で並んでいるのではないか、という反論が出そうですが、「住みかと」の「と」は脱落することもあり、②の場合も、「あるじと」が並立する文節であり、「住みかと」の方は、これを受ける被並立語であると考えるのです。②についてこのように解釈することは可能ですが、逆に、①について「なまめかしく」と「おもしろけれ」とは対等の資格で並んでいるのだと解釈することはできません。両者を整合的に説明するには、係っていく文節が並立するのであり（並立語）、それを受ける文節は並立されるのだ（被並立語）としなければなりません。

実は、並立語を文の成分と認める二十一冊のうち十九冊までが、二つの文節のそれぞれを並立語と呼ぶとしているのです。①の「なまめかしく」や、②の「あるじと」の方だけを並立語とするのは、二冊のみです。（注1）並立語を文の成分と認めない十四冊の中にも二冊（注2）並立と被並立を区別するものがありますが、これを合わせても少数です。そして、この並立語に並立の職能を認めないことが、並立語を文の成分と認めない大きな理由になっていることを見落としてはなりません。係っていく文節に並立の職能はなく、ただ単に対等に並んでいるだけだから、文の成分ではないということになるのです。そういう点では、並立語を文の成分と認めているテキストのうちの十九冊は、文の成分と認めない十四冊とあまり違わない考え方をしているということになりましょう。

ちなみに、中学校の国語教科書では、五社のうち、並立語を文の成分として認めているのは、教育出版一社だけで、東京書籍などは、「重文」について、「節が並立《へいりつ》の関係で結ばれてできている文。」と説明しているところに、並立の関係という用語が出てくるだけで、並立語はもちろん並立の関係も取り上げていません。しかし、皮肉なことに、そこにあげられている重文の例、

⑤風は　強く、　雨は　激しい。

は、まさに、並立語「風は強く」と被並立語「雨は激しい」とが直接文を構成しているものです。並立語は、このように、直接文を構成することもあるのです。並立語は、れっきとした文の成分であり、被並立語と関係して文の構成にあずかるものだと考えるべきです。

注1　佐伯梅友『明解古典文法』（三省堂）と北原保雄『古典にいざなう新古典文法』（大修館書店）の二冊

注2　湯沢幸吉郎『生徒のための文語文法』（右文書院）と岩淵悦太郎『新版文語文法』（秀英出版）

Q32 助詞「も」の並立用法について

並立語が文の成分の一つであることは、Q31の説明でよく分かりましたが、
梅も桜も桃も咲いた。
などの場合は、どう考えたらよいのでしょうか。

A ご質問の主旨は二つに分かれるかと思います。すなわち、一つは「も」の構成する文の成分は並立語と言えるかということ、もう一つは「も」の構成する文の成分が三つ以上並んだ場合はどう考えたらよいかということです。

まず、最初の問題から考えてみましょう。「と」の場合、

①あるじと↓　住みかと↑　無常を争ふさま

では、「あるじと」が並立語で、「住みかと」は被並立語であると考えられました。並立＝被並立の関係を構成しているのは、あくまでも「あるじと」の「と」であり、この「と」がないと並立＝被並立の関係は構成されません。それに対して、「住みかと」の「と」はなくても、

②あるじと→←住みか

のように、並立＝被並立の関係は構成されます。それでは、「住みかと」の「と」は何のためにあるのか、どういう職能を有するのか、ということになりますが、これは、次に来る被並立語と関係する職能を有するものであると考えられます。

③あるじと→住みかと→←何々と

のように、次に「何々と」が来ることを予想しているものだということです。「住みかと」の「と」は「あるじと」の「と」と呼応するものではありません。ですから、「住みかと」の「と」がなくても、②のように並立＝被並立の関係が成立するのです。

これは、他の並立助詞についても一様に言えることです。並立助詞には、並立する職能はありますが、並立を受ける（被並立の）職能はないと考えるべきです。

ここで、「あるじ、住みか」のように、「あるじと」の「と」がなくても、並立＝被並立の関係は成立するではないかという反論が出るかもしれません。確かにそうですが、しかし、この場合でも、

④あるじ、住みかと　無常を争ふさま

のように、並立＝被並立の関係を成立させているのは、「あるじ」の有する並立の職能であり、「住みかと」の「と」は、「あるじ、住みか」の全体を、次に来る文の成分と並立させる職能を有していると解されます。④の表している意味は、「あるじ、住みか」と「何か」とが無常を争う意になる可能性はありますが、「あるじ」と「住みか」とが無常を争う意には決してなりません。

さて、「も」の場合はどうでしょうか。

⑤梅も　桜も　みんな　咲いた。

を例に考えてみましょう。「も」が「と」などの並立助詞の場合と大きく異なるところは、並立する相手がセットで表現されていなくてもよいということです。

⑥梅と　咲いた。

梅や　咲いた。

などは言えませんが、

⑦梅も　咲いた。

は、全く問題のない自然な表現です。並立語は、つねに被並立語と関係を構成するものですから、被並立語がないと不適格な表現になってしまうのですが、「も」の構成する文の成分は、被並立語のような相手がなくても自然な表現になります。したがって、「も」の構成する文の成分は並立語ではないと言えましょう。しかし、単独で用いられることがあっても、「〜も〜も」と並べて用いられることもあり、その場合には、並立＝被並立の関係になるのかもしれませんので、もう少し詳しく検討してみなければなりません。

⑦の「梅も」は、「桜」とか「桃」など同類のものが他にもあることを示しているだけで、それらを並立しようとまではしていないのです。同類のものをもう一つあげようとすれば、

⑧梅も　桜も　咲いた。

ということになります。このように二つを並べると、形の上でも、意味の上でも、対等に並びますので、並立＝被並立の関係になっているように見えますが、

⑨梅、桜も　咲いた。

のように、「梅も」の「も」がないと、⑧とは全く別の意味の表現になってしまいます。更に重要なことは、

⑩梅も　桜　咲いた。

のように、「桜も」の「も」を取ると、不適格な表現になってしまうということです。「も」に並立の職能があり、「梅も」が並立語であるならば、「桜」に「も」がなくても、「梅も」の有する職能だけで、並立＝被並立の関係が構成できるはずです。

⑧は、「梅も咲いた、桜も咲いた。」という意味に解されます。「も」は述語まで係わっていく職能を有する助詞です。したがって、⑧は

⑪梅も　桜も　咲いた

のように、「梅も」と「桜も」とが、それぞれ、述語「咲いた」と主述の関係を構成しているものと理解されます。

⑫白く　美しい　花

の「白く」は、「美しい」を被並立語とする並立語ですが、

⑬白い　美しい　花

の「白い」は、「美しい」とは直接関係しない連体修飾語です。⑪の文構造を考える場合に、参考になりましょう。

　もう一つの問題、「も」の構成する文の成分が三つ以上並んだ場合については、改めて説明する必要はないでしょう。ご質問の例文の文構造のみを示しておきます。

⑭梅も　桜も　桃も　咲いた。

Q33 主語に「が」「の」が付く文の言い切りは連体形か？

『源氏物語』の「若紫」の巻を読んでいて、「雀の子をいぬきが逃がしつる。」について、このように主語に「が」や「の」が付いてその文が言い切られる場合は連体形が用いられるのだと説明しました。ところが、そのすぐ後に、「さるは、限りなう心をつくし聞こゆる人に、いとよう似奉れるが、まもらるるなりけり、と思ふにも涙ぞ落つる。」という文が出て来て困ってしまいました。これはどう説明したらいいのでしょうか。

A まずご質問の前半について。

「いぬきが逃がしつる。」は確かに連体形で言い切られていますが、主語に「が」や「の」が付いている文の言い切りは（常に）連体形になると言い切ってしまうのは、少々乱暴です。連体形になる、というよりも、終止形にならないと説明した方がより正しいのです。六つの活用形のうち、未然形を除く五つの活用形はいずれもそれだけで言い切りになれます。しかし、連用形は言いさしのようなとき、已然形は係助詞「こそ」を受けて結ぶとき、命令形は命令法のときなどというように、用法が限られていますから、終止形以外というと、自然連体形になることが多いというだけです。已然形になる例を一つあげておきましょう。

秋の露いろいろことに置けばこそ　山の木の葉のちぐさなるらめ（古今集・秋下・二五九）

これは、もちろん「の」があるから已然形になっているのではありません。已然形になっているのは上に「こそ」があるからで、結びが已然形だから「の」になっていると考えるべきです。

言い切りにならない場合も少なくありません。若紫の巻の中から、二、三、例をあげておきましょう。ページ数、行数は日本古典文学大系本のものです。

・白き衣《きぬ》、山吹などのなれたる着て、走りきたる女ご（一八四⑤）
・幼かりつるゆくへの猶たしかに知らまほしくて、問ひ給へば（一九〇⑩）
・ここには、常にもえ参らぬがおぼつかなければ、心やすき所に（二二六①）
・にび色のこまやかなるがうちなえたるどもを着て、何心なく、うち笑みなどして居給へるがいとうつくしきに（二一九②）

それでは、「の」や「が」を受ける述語は、なぜ終止形で言い切らないのでしょうか。

主＋の（が）——述

には、あるものについて（主）、これこれだと述べる（述）という、主述の二元的な構造になっていないからだと考えられます。全体がまとまって文の成分を構成する、その「主」の部分を表すのが、「の」や「が」の働きです。

閑話休題、本論、つまり、ご質問の後半に対する回答に移ります。「さるは、限りなう心をつくし聞こゆる人に、いとよう似奉れるが、まもらるるなりけり」（一八五⑩）は、結論的にいって、

さるは、限りなう心をつくし聞こゆる人に、いとよう似奉れるが、まもらるる　なりけり

のように図示される構造の文だと考えられます。「さるは」は、「そうあるのは、以上のようであるのは」の意で、具体的には、前の文の内容を受けています。つまり、若紫が源氏の目にとまるのは、「限りなう心をつくし聞こゆる人に、いとよう似奉れるが、まもらるる」のだった（からだった）、というのが、この文の意味です。あまり見なれない構造図かも知れませんが、

さるは、限りなう心をつくし聞こゆる人に、いとよう似奉れるが、まもらるる なりけり

のように図示すれば、もう少しわかりよくなるでしょうか。「まもらるるなりけり」が「似奉れるが」と直接関係しているのではなく、「□なりけり」が「さるは」と関係しているのです。

断定の助動詞「なり」は活用語の連体形に接続するものだと考え、「まもらるるなりけり」を述語だと考えてしまうと、「いとよう似奉れるが」と関係するのは「まもらるるなりけり」だということになり、ご質問のような問題が出てくることになります。しかし、「なり」は「限りなう心をつくし聞こゆる人に、いとよう似奉れるが、まもらるる」という、いわゆる準体句に接続していると考えるべきです。準体句に接続していると考えれば、「なり」が体言に接続することとも整合します。

かくいふは、播磨の守の子の、蔵人より今年かうぶり得たるなりけり。（一八二②）

も、全く同じ構文です。

なお、左に掲げた構造図をよく見ていただくとわかることですが、「いとよう似奉れるが」の「が」も、決して「似奉れる」に接続しているのではなく、「限りなう心をつくし聞こゆる人に、いとよう似奉れる」という準体句に接続していると考えるべきです。

限りなう心をつくし聞こゆる人に、いとよう似奉れるが

のように図示することができましょう。このようなとらえ方は、結論的には、時枝誠記博士の入子型構造図に似たものです。ともかく、最初に文節に分け、それらがどのようにして文を構成するかということで文の構造を説明する文節文法には、根本的な難点があるのです。

Q34 非情物は受身の主語になれないのか？

「日本語では、古くは非情物が受身の主語になることはなかった。」と言われていますが、次のような例にぶつかると、果たしてそのように言っていいのか考えてしまいます。どのように考えたらいいのでしょうか。

(1)硯に髪の入りてすられたる。（枕草子・にくきもの）

(2)御簾のそば、いとあらはに引き揚げられたるを、とみに引きなほす人もなし。（源氏物語・若菜上）

A 確かに、「日本語では、古くは有情物だけが受身文の主語になれたのであって、非情物が受身文の主語になれるようになったのは明治以降のことである。」という考えは、多くの人に信じられているようです。どうしてそう言われるようになったのか、経緯はよく分かりませんが、信頼すべき文法学者が口をそろえてそう言っているのですから、信ずる人が多くいてもしかたがありません。たとえば、橋本進吉博士は、次のように述べています。

日本語では受身の主語となるのは、心のあるものである。それによって利害を感ずるものである。（有情のもの）これが実に日本語の受身の特質である。《筆記――もつとも近時は西洋語の言ひ方を受けて、いろいろのものを主語にするが、之は純粋の表し方でない。》（『助詞・助動詞の研究』二七六ページ）

しかし、これは、明らかに誤った考え方です。明治以降、非情物を主語とする受身文（以下、「非情の受身」と呼ぶことにします）が急激に増加したことは事実のようですが（清水慶子「非情の受身の一考察」『成蹊国文』一四号）、ご指摘のように平安時代にも非情の受身はあったのです。しかも、それは、特殊例とか例外例として無視することができるほどの少数ではありません。たとえば、平安末期の資料から一六二三例の受身文を採集したところ、その約一二％が非情の受身であったという報告があります（三浦法子「平安末期の受身表現についての一考察」『岡大国文論稿』創刊号）。また、『枕草子』には他動詞からできる受身文が一一五例あるが、そのうちの二七・〇％が非情の受身であり、『徒然草』では同じく六七例のうち三八・八％が非情の受身であったという報告もあります（奥津敬一郎「何故受身か?」『国語学』一三二集）。

日本語には、古くから非情の受身は存在したのです。以上でご質問に対するお答えは終わりです。

ただ、右に紹介した調査結果からも明らかなように、非情の受身は、昔から存在したとはいっても、有情の受身にくらべて、例数が多くありません。こういう事実がご質問にあるような謬説を生じさせたのかも知れません。例数が少ないのはどうしてでしょうか。「BがAにVされる。」という受身文は、「AがBにVする。」という能動文と対応していますが、能動文では、主語Aが有情、目的語Bは非情であるという強い傾向があるようです。この傾向は現代語にも認められそうですが、奥津博士の調査によれば、『徒然草』から受身文とほぼ同数の能動文をサンプルしてみたところ、その九四％が有情の主語であり、八五％が非情の目的語だったということです（前掲論文）。したがって、受身文への変形が機械的に行われるならば、非情の受身は八五％になるはずです。しかるに、『徒然草』の非情の受身は前掲のように三八・八％です。受身文でも、能動文同様、主語には有情のものが立つことが多いというわけです。

それでは、能動文でも受身文でも、有情のものが主語に立ちやすいのはどうしてでしょうか。これは、「視点」という考え方を導入すると、うまく説明することができそうです。「視点」というのは、表現者がどの人あるいは物の側に立ってその表現を行うかという、表現者の立つ位置のことですが、久野暲博士は、「一般的に言って、話し手は、主語寄りの視点を取ることが一番容易である。目的語寄りの視点をとることは、主語寄りの視点を取るのより困難である。受身文の旧主語（対応する能動文の主語）寄りの視点を取るのは、最も困難である。」（『談話の文法』一六九ページ）と述べています。この考えに従えば、能動文においても受身文においても、主語に非情物の立つことが少ない理由は、非情物寄りの視点が取られにくいからだと説明することができます。

しかし、それは、あくまでも取られにくいということであって、非情物寄りに視点が取られることがあっても構いませんし、事実いくらでもあります。たとえば、(1)は、「Ａが髪をする」という能動文（に相当する古文）と対応しており、この文の主語Ａは「すった人」つまり有情物のはずですが、(1)では非情の「髪」が主語になっています。能動文にしておけば、有情物寄りの視点であるのに、あえて非情物寄りの視点が取られています。しかし、その理由は、少し考えてみれば、すぐに了解されるでしょう。(1)では、「すった人」は問題でないのです。「すった人」はどうでもいい。「髪」がどうなっているかに表現の中心があるのです。Ａを表現しないために受身にしたのです。

(2)の場合は、ＡもＢも非情物です。そして、

(3)猫をつないだ綱の[A]、御簾のそば[B]を、いとあらはに引き揚げたるを、

のような能動文でもいうことができますが、それを(2)のように受身文にしたのは、やはり「御簾のそば」寄りに視点を取ったためと解せられます。そして、その「御簾のそば」を「とみに

引きなほす人もなし。」と続くわけです。

他の例をあげることは省略しますが、例は少なくありませんので、古文を読んでいれば、しばしば出くわすことと思います。

5章 「修行者会ひたり」の語法は？
——文法・敬語と解釈に関するQA

Q35 「行ふ尼なりけり」の解釈は？

『源氏物語』若紫の巻の、
人々は帰し給ひて、惟光の朝臣とのぞき給へば、ただこの西面《にしおもて》にしも、持仏《じぶつ》するゐたてまつりて行ふ尼なりけり。
の解釈について、ご教示ください。

A 実は、この部分の解釈については、私も以前からいろいろと考えてきましたが、いまだにすっきりした結論を出せないでいるのです。誰が、あるいは何が「尼なりけり」だというのか、しっくりしないのです。これまでに、いろいろな意見が出されています。例えば、玉上琢弥博士は、「尼なりけり」は、僧坊を見下すくだりの「…かしこに女こそありけれ。…いかなる人ならむ…」を受けるのだと言っています。しかし、これは文脈上照応しているというくらいの意味で、文法的に説明できたということにはなりません。松尾聰博士も、

「なりけり」は「ありけり」とあるべきものかといわれるが、前に、「かしこに女こそありけれ。僧都はよもさやうに据ゑ給はじをいかなる人ならむ」とあったのに照応して、

「女のありけると見えしは尼なりけり」となるのであろう。（『全釈源氏物語　二』）と述べています。しかし、三ページも前にある表現と照応させて主題成分を補うのは、どうも無理があります。

主題や主格の成分が示されていなくても、例えば、

。透垣のただ少し折れ残りたる隠れの方にたち寄り給ふに、もとより立てる男ありけり。誰ならむ、心かけたる好色者《すきもの》ありけり、とおぼして、陰につきて立ち隠れ給へば、頭中将なりけり。（源氏・末摘花）

などのように、すぐ前にそれと分かるものが明示されている場合は、問題ありません。つまり、「もとより立てる男」は「頭中将なりけり」というわけです。しかし、「〜尼なりけり」には、すぐ近くにそれらしい表現がありません。ですから、誰が、あるいは何が「〜尼なりけり」だというのかはっきりせず、解釈が落ち着かないのです。

日本古典文学大系本（山岸徳平校注）が注目すべき解釈を示しています。

すぐ目の前の、西側の部屋に、持仏をお据え申して、お勤めをしている人は、尼であった。「行ふ」は連体形で、その下に「人は」とか「者は」を略している。

（『源氏物語　一』一八三ページ頭注一八）

というものです。これならば、「尼なりけり」の主題成分は明白です。もっともこの解釈は、それ以前からあったもののようですが、これなら文法にかなった解釈です。その後に出た日本古典文学全集本（阿部秋生・秋山虔・今井源衛　校注・訳）もほぼ同じ解釈をしています。

ただ、私が『源氏物語』の類例について詳しく調べてみたところによりますと、「～行ふは、尼なりけり」のように、助詞「は」があれば、大系本のような解釈でよいのですが、「は」がありませんので、ここは、正確には、

すぐそこの西面の部屋に、一人の人が持仏をお据え申してお勤めをしているのは、（俗の姿ではなく）尼姿であった。

と解釈すべきもののようです。大系本の解釈とどこが違うかと言いますと、大系本では「お勤めをしている人は」となっていますが、「人がお勤めをしているのは」となるべきですし、「尼

であった」は「尼姿であった（尼に見えた）」とでも現代語訳すべきところだという点です。実は、以上は、拙著『表現文法の方法』（大修館書店）の中に書いたことです。詳しくはそれをご参照ください。

しかし、この解釈でもまだすっきりしません。最近もう一つの解釈に思い至り、それの方がよいのではないかと考えています。それは、

惟光の朝臣とのぞき給へば、ただこの西面にしも、持仏すゑたてまつりて行ふ。尼なりけり。簾《すだれ》すこし上げて、花奉るめり。

のように、「行ふ」で句点を打って、そこで文を終止させてしまうという読み方です。「人々は帰したまひて、惟光朝臣とのぞきたまへば、…持仏すゑたてまつりて行ふ。」ここで文を切る。お供の人たちはみんなお帰しになり、惟光朝臣とだけでお覗きになると、ちょうど西面に、一人の人が持仏を据え申してお勤めをしている。「尼なりけり。簾すこし上げて、花奉るめり。」あっ、尼だった。花をお供えしている。という語気で読むのです。いける解釈ではないでしょうか。

実は、若紫の巻のここまでの文章に、二か所も類似した表現が出てきていたのです。

。「…」とのたまひて、御供に睦ましき四五人ばかりして、まだ暁におはす。｜やや深う入る所なりけり。

。「…」と驚き騒ぎ、うち笑みつつ見たてまつる。｜いとたふとき大徳《だいとこ》なりけり。

これらの場合は、句点を打って切っています。当然切るべきところでしょう。続く文は、いずれも「なりけり」で終わり、気づきの表現になっています。

ご質問の部分は、覗いたところ、西面にお勤めしているのは尼だった、と解釈したのでは、説明的で、緊張感がなくなってしまうような気がします。覗いたところ、一人の人がお勤めをしている。あっ、尼だった。お花をお供えしている。という解釈の方が、緊迫感があり、臨場感も出てくるのではないでしょうか。

解釈は文法にのっとって、文法の許容する範囲内で行われなければなりません。その点では、「行ふ」で読点にするのも、句点にするのも、文法にかなっていますから、どちらの解釈も成り立ちますが、この文脈において、どちらの解釈がよりぴったりするかということです。

現在のところ、句点を打つ解釈の方がおもしろいように思っています。

Q36 「修行者会ひたり」の語法は？

『伊勢物語』第九段に、

すずろなるめを見ることと思ふに、修行者会ひたり。

とある傍線部分は、従来「修行者がやって来て出会った」のように訳されています。しかし、現在の我々の感覚からすると、「修行者に出会った」となるのが自然です。この「人に偶然会ったとき相手を主に言う」古格の語法について、用例をあげて説明してください。

A 確かに現在は、偶然人に会ったとき、「こちらが誰々に会った。」のように言い、「誰々がこちらに会った。」という言い方はしません。そこで、この例についても、「修行者に」の「に」が省略されたものだという考えが出てきます。しかし、格助詞「に」は無条件に省略されることはないのです。また、

(1)川の瀬を七瀬渡りてうらぶれて夫《つま》は会ひき（＝アナタノ夫ガ私ニ会ッタ）と人ぞ告げつる（万葉・一三・三三〇三）

(2)本より知れる檀越《たにをち》三人、道に遭ひて問ひて言はく、（霊異記・下・六）
(3)常磐井《ときはゐの》相国《しやうこく》、出仕し給ひけるに、勅書を持ちたる北面、あひ奉りて、（徒然草・九四）

など、「に」ではなく「が」の格と解すべき類例がありますし、

(4)月のあかきに、屋形なき車のあひたる。（枕草子・にげなきもの）

のように、「の」が明示されている例もありますので、「誰々がこちらに会う」という言い方のあることは認めなければならないでしょう。

念のため言い添えておきますが、「こちらが誰々に会う」という言い方ももちろん多数あります。むしろ、これが一般的な言い方です。

さて、現在は、どうして、「こちらが誰々に会う」という言い方しかしないのでしょうか。考えてみますと、AとBとが会う場合、AがBに会っても、BがAに会っても、結局は同じことです。両者が会うのです。ですから、「こちらが誰々に会う」でも「誰々がこちらに会う」でもいいはずです。事実、

(5)彼が私に会って、頼んだことなのだ。

などのように、言い切らずに下に続けると不自然さはほとんど感じられません。しかし、我々は、

(6)歩いていたら、彼が私に会った。

とは、まず言いません。なぜでしょうか。

これは、視点の問題と関係がありそうです。視点というのは、表現主体（＝話し手・書き手）の立つ位置、つまりカメラ・アングルのことですが、表現主体は、必ずある視点に立って表現をします。

表現主体は、主語寄りの視点をとることが一番容易であると言われています（久野暲『談話の文法』大修館書店）。逆に言えば、主語は視点寄りのものになっているのが自然だということです。また、一つの文においては視点は一貫していなければならないということもあります。(6)の例文が不自然なのは、「歩いていたら」と「彼が私に会った」の視点が相違し（両者の主語が相違している）、視点が一貫していないということと、「彼が私に会った」では、表現主体

の視点から遠いもの、つまり「彼」が主語になっているということの、二つの理由によっていると思われます。

⑸の例文は、実は「これは」とか「それは」とかいう表現が省略されているものです。それは「ことなのだ。」という結び方から明らかです。⑸では、表現主体の視点は、この主題寄りにとられているのであり、「彼」も「私」も視点の問題からは解放されているのです。

『伊勢物語』の例に戻って考えてみますと、表現主体の視点は、「すずろなるめを見ることと思ふ」人寄りにとられています。つまり、この人が「こちら」です。したがって、次には、この人を主語にした表現が期待されます。視点の一貫性という点からも、この人が主語であることが期待されます。しかるに、この本文では、視点も無視され、視点の一貫性も無視されて、「修行者」が主語になっているので、不自然に感じられるのです。

ここに思い合わせられる表現があります。

⑺夕さればひぐらし来鳴く生駒山越えてぞ吾《あ》が来る妹が目を欲り（万葉・一五・三五八九）

⑻からうじて、大和人「来む」と言へり。喜びて待つに、（伊勢・二三）

⑼今来むと言ひしばかりに長月の有明の月を待ち出でつるかな（古今・恋四・六九一）

これらの表現における「来《く》」は、現代語の「来る」というよりも「行く」に近い用法で、表現主体のいる、したがって視点寄りである出発点（「こちら」）よりも到着点（「そちら」）を重視した言い方になっています。たとえば、(8)の『伊勢物語』の例は、大和の男が、女のもとに、「あなたの所に来よう」と言ってよこしたというのですが、現在ならば、「行こう」と言うべきところです。

「そちらに行く」と言うべきところを、「そちらに来る」と言うのは、「こちらが会う（＝会いに行く）」と言うべきところを、「誰々（＝あちら）が会う（＝会いに来る）」と言うのと、共通するところがあります。

いうまでもなく、「来《く》」にも、現代語の「来る」と同じ意味用法の例は多数あります。しかし、「そちらに来る」という意味になる例が存在するという事実は、「会ふ」の意味用法を考えるとき、特に注目されていいと思います。

「会ふ」や「来《く》」には、視点のとり方の上で、現代語の「会う」や「来る」とは違った用法があったということでしょう。

なお、『源氏物語』の、

(10)（仲立が取次に）「…」と言はせたれば、（常陸介が仲立に）逢ひたり。（東屋）

⑾（翁が取次に）「…」と言はせたれば、右近しも（翁に）あひたり。（浮舟）

⑿（時方が）「…」とせちに言ひたれば、侍従ぞ（時方に）あひたりける。（蜻蛉）

なども、視点に一貫性がなく、準じて考えられる例です。

Q37 「遅く帰る」の解釈は？

『宇治拾遺物語』一五六話「遣唐使の子虎に食はるる事」に、

この児の遊びに出でていぬるが、遅く帰りければ、あやしと思ひて

とあるところは、文脈からすると、遅くなって帰ってきたのではなく、結局は帰らなかったことになります。この傍線部分はどのように解釈したらいいのでしょうか。また、どうしてそういう解釈になるのでしょうか。

A ご質問の『宇治拾遺物語』の関係部分をもう少し長く引用しましょう。

この児の遊びに出でていぬるが、遅く帰りければ、あやしと思ひて、出でて見れば、足がた、後ろのかたから、ふみて行きたるにそひて……足がたを尋ねて、山の方に行きてみれば、（虎が）岩屋の口に、この児を食ひ殺して、腹をねぶりて伏せり。

（古典大系本三五二ページ）

この児は、捜しに行ってみたら、虎に食い殺されていたのですから、確かに帰っていないの

です。古典大系本には、

　国史大系所引一本に「かへりのおそかりければ」とあるが、その意味であろう。

という頭注が付いています。「帰るのが遅かったので」と解釈すると、下にうまく続きます。しかし、「遅く帰りければ」は、そのまま現代読に直訳すると、「遅く帰ったので」となりますが、この解釈は前の解釈とはずいぶん異なります。ですから、古典大系本の頭注でも、「その意味であろう」というような自信のない述べ方をしているのでしょう。

　こういう時には、まず類例を捜してみることです。実は、この問題に関しては、岡崎正継博士に詳しい研究[注]があるのです。それによって用例をあげてみましょう。

　北の方、「など遅くは開けつるぞ」と問ひ給へば……あが君、「なほ開けよ」とて、開けさすれば、荒らかに押し開けて入りまして（落窪・一）

　北の方は、姫君がいつまでも中隔ての障子を開けないのを怒っているのですが、傍線部分は遅くなって開けたというのではなく、遅くまで開けないでいるの意であることが文脈から明らかです。

人々ノ歌ハ皆持参タリケルニ、此大納言ノ遅ク参リ給ケレバ、使ヲ以テ遅キ由ヲ、関白殿ヨリ度々遣シケルニ（今昔・二四・三三）

頼信、大臣ノ渡給フヲ待ケル程ニ、夜漸ク深更テ、大臣遅ク御ケレバ、頼信待兼テ（今昔・二七・一一）

九人ハ既ニ出ヌ。今一人ハ遅ク出デヽ、穴崩レ合テ、不出得ズシテ止ヌ。（今昔・一四・九）

俄ニ門只傾キニ傾キ倒レヌ。然レバ、急ギ走リ出タル者共ハ命ヲ存シヌ。其中ニ強顔クテ遅ク出ケル者共ハ少々被打厭テ死ニケリ。（今昔・二四・二一）

右の四例は『今昔物語集』の例ですが、いずれも、来るのが遅い、出るのが遅いなどの意であって、遅れて来る、遅くなって出るなどの意ではないこと明白です。

おぼつかなきもの。……いま出で来たる者の心も知らぬに、やむごとなき物持たせて、人のもとにやりたるに、遅く帰る。（枕草子・おぼつかなきもの）

は、文脈上に特に決めてはありませんが、「遅くなって帰るの」と解釈するよりも、「帰るのが遅いの」とか「いつまでも帰らないの」と解釈する方が、はるかに「おぼつかなきもの」にぴったりするでしょう。

以上で、ご質問の「遅く帰りければ」を、「帰るのが遅かったので」「遅くまで帰らなかったので」のように解釈してもいいということが、類例によって保証あるいは傍証されたと思いますが、それでは、どうしてそういう意味を表すことになるのでしょう。現代語の「遅く帰った」は、普通、

(A)遅くなって帰った。遅れて帰った。

のような意に解されます。それに対して、以上に見てきたような「遅く帰りけり」は、

(B)帰るのが遅かった。その時になっても帰らなかった。

などの意に解されます。この相違は、一体、どこから出て来るのでしょうか。それは、「遅

く」の連用修飾の仕方の違いによって生じるものだと考えられます。つまり、(A)の場合は、「遅く」は「帰る」という動作の行われる状況を詳しくしているのです。すなわち、帰ることは帰ったが、帰り方が遅かった、遅れた状況で帰った、遅れて帰ったというのです。それに対して、(B)の場合は、「遅く」は「帰る」または「帰った」という事態が遅くであるということを詳しくしています。(B)の場合の「遅く」の修飾対象は、「帰る」あるいは「帰った」という事態です。

(A)は、帰り方が遅いというのです。それに対して、(B)は、帰る、あるいは帰ったという事態が遅いというのです。(B)のように「遅く」が事態を丸ごと修飾する用法は、現代語の「遅く」にはないので理解しにくいのですが、「三日後に帰るよ」「三日後に帰った」などの「三日後に」に共通する修飾の仕方だといっていいでしょう。「三日後に」は、帰り方には直接関係なく、「帰る」という事態、「帰った」という事態全体を丸ごと修飾対象としています。「遅し」の対義語「早し」にもBと共通する用法があるようです。

吉野川よしや人こそつらからめ早く言ひてし事は忘れじ（古今・恋五・七九四）
身は早くなき者のごとなりにしを消えせぬものは心なりけり（後撰・雑三・一二一四）

などの「早く」は、いずれも点線部分の表す事態が、以前のこと、とっくのことであることを表しています。

ちなみに、古くは、(A)のような意味を表すには、「遅れて帰る」が用いられました。それが、現在では「遅く帰る」もAの意を表すようになり、Bの意は「帰るのが遅い」などで表すようになったという次第です。

注　岡崎正継「『御導師遅く参りければ』の解釈をめぐって」(『今泉博士古稀記念国語学論叢』)

Q38 「おもて赤みて居たり」の文構造は？

『源氏物語』の「少女」の巻に、

(1)「なぞの文ぞ」とて取るに、おもて赤みて居たり。

という文があります。この傍線部分は、現代語では、

(2)顔を赤くして（＝赤めて）座っている。

のように言うのが普通だと思います。古文ではどうして(1)のように言うのでしょうか。また、(1)の文構造について説明してください。

A 『対校源氏物語新釈』（平凡社刊）によって調べてみますと、自動詞四段の「赤む」は全十五例ありますが、その内訳は、「おもて赤む」が十例、「顔赤む」が三例、「つらつき赤む」が一例で、十四例までが顔についてのものです。もう一例は「朝顔の花」についてのものです。なお、接頭語のついた「うち赤む」（四段）も、「おもて」二例、「顔」一例、「御まみのわたり」一例で、すべて顔あるいはその部分についてのものですし、他動詞下二段の「赤む」は一例しかありませんが、「おもて」であり、「うち赤む」（下二段）全七例も、「おもて」二例、「顔」四例、「鼻」一例であって、すべて顔あるいはその部分についてのものに集中していま

す。これは、いささか驚きです。

(1)の傍線部に類する例を二例あげておきましょう。

「…」とほほゑみて見給ふを、命婦、おもて赤みて見奉る。（末摘花）

「…」とて笑ひ給ふに、おもて赤みておはする、いと若くをかしげなり。（玉鬘）

さて、(1)の傍線部は、

おもて（ガ）　赤みて　居たり

のように図示される構造で、「顔があかくなって（＝赤い状態で）座っている」という意味を表しています。「おもて赤みて」は連用修飾成分で、どのような状態で「居る」のかを詳しくしているものです。

それに対して、(2)は、

顔を　赤くして（＝赤めて）　座っている

という構造で、「顔を赤くして（＝赤めて）」は接続成分であり、「顔を赤くして（ソシテ）座っている」のような意味を表していると解されます。「顔が赤くなって（＝赤い状態で）」が状態的な意味であるのに対して、「顔を赤くして（＝赤めて）」は動作的な意味であるところから、継起的な関係で「座っている」に続いていく意味合いが強くなるのだと思われます。

古文の(1)でも、

いとほしう、おもて赤みて、聞こえむ方なく思ひ居給へるに、（真木柱）
女君はあいなく、おもて赤みて、苦しと聞き給ふ。（藤裏葉）
中納言も、気色殊に顔すこし赤みて、いとどしづまりて物し給ふ。（藤裏葉）

などのように、「おもて赤みて」と「居る」などの間に、傍線のような他の成分が入ると、「赤みて」に述語性が強くなり、継起的な意味合いが生じてきて、現代語に近い感じになります。

(1)には、顔が赤くなって座っている人が示されていませんが、それは、惟光《これみつ》の娘とその弟の「二人」なのです。(1)は、惟光が、夕霧から娘のところに来た恋文を、「何の手紙か」と言って取り上げると、二人の姉弟は顔を赤くして座っているという意味のところです。

ところで、現代語でも、「二人は顔を赤める」だけでなく、「二人は顔が赤む」という言い方をします。類例を少しあげてみましょう。

二人は　腹が　立つ。／腹を　立てる。
二人は　気が　もめる。／気を　もむ。
二人は　骨が　折れる。／骨を　折る。
二人は　肝が　つぶれる／肝を　つぶす。

このように、「N_1はN_2が自動詞」と「N_1はN_2を他動詞」の二つの言い方がある場合、現代語では、「二人は腹を立てて座っている」という言い方をするのが普通だということです。どういう場合に、こういう二つの言い方が可能なのかという問題については、ここでは深入りしませんが、右にあげた例には、N_1とN_2が全体と部分（あるいは部面）の関係になっているという共通した特徴が認められます。身体の部分だけでなく、「家が焼ける」「家を焼く」のような言い方もあります。これらは所有者と所有物の関係と言うべきでしょう。

なお、注意しておきたいのは、古文には、「N_1はN_2を他動詞」を用いた(2)のような言い方もあるということです。

「…」と怨じ給へば、顔うち赤めて居たり。（帚木）
「…」とおどろかし聞こえ給へば、顔うち赤めておはす。（柏木）
人の見るらむこと憚られて、おもてうち赤めておはするさま、いとをかしげなり。（総角）

つまり、古文では(1)(2)の両方の言い方をするが、現代語では(2)の言い方が普通で、(1)の言い方はあまりしないということです。

なぜ、現代語では(1)のような構造の表現をしないのか。その理由はよく分かりませんが、現代語では、主述の関係を一元的に通そうとする傾向が強くなっているのではないかということが考えられます。(2)の方が、(1)よりも主述の関係がすっきりしています。現代語にも、

気持よく引き受ける。
声高らかに笑う。
足音高く歩く。

などのような表現もありますが、これらは、いずれも「N_1はN₂が形容詞」の場合であり、「が」を用いない（たとえば「気持がよく」とは言わない）など慣用的な表現になっていると思われ

ますので、かなり特殊なものです。古文には、⑴と同じ構造の、次のような例もあります。

このをば、いといたう老いて、二重にて居たり。（大和・一五六段）

それを見れば、三寸ばかりなる人、いとうつくしうて居たり。（竹取物語）

Q39 連体修飾の構造――「雲の上も涙にくるる秋の月」の「くるる」の主語は？

『源氏物語』の「桐壺」の巻に、

雲の上も涙にくるる秋の月いかですむらむ浅茅生《あさぢふ》の宿

という歌があります。この歌の「くるる」「すむらむ」の主語は何でしょうか。

A 今回の質問者は時枝誠記博士です。えっ？　と驚く方がいらっしゃるのは当然ですが、実は、博士の『古典解釈のための日本文法』（至文堂）という本の中にこの歌をあげて、「右の文中の二の連体形について主語を考えよ。」（同書増訂版一九ページ）とあるのに答えてみようと思って、登場していただいたわけです。

この本はとてもいい本です。書名のとおり古典解釈のための文法について具体的に考えたもので、学ぶべきところがたくさんあります。こういう方向の研究がもっと行われていいと思うのですが、その後あまり見受けられないのは残念なことです。

さて、この歌は有名な歌ですから、改めて説明するまでもないと思いますが、桐壺の更衣《こうい》の死後、更衣の里に靫負《ゆげい》の命婦《みょうぶ》を見舞に遣わした帝が、真夜中（＝丑の刻。午前二時ころ）になってもなお休むことができず、灯火をかかげつくして起きており、更衣の里を思いやって詠んだ歌です。

まず「くるる」について考えてみましょう。主語という術語は、文法用語として厳密に考えるといろいろ問題があるのですが、それについての議論はここではさておくことにして、「くるる」のは誰か、あるいは何か、その「誰」「何」のことを主語ということにします。主者とか動作主とか呼ぶ方がよりふさわしいと思います。

さて、「くるる」の主語の候補には、

①「雲の上」
②「目」
③「帝」
④「秋の月」

の四つが考えられます。

①の「雲の上」は、いうまでもなく、文字通りの「雲の上」の意と宮中の意とをかけていますが、それらはいずれにしても場所であり、その場所を「雲の上が涙にくれる」のように主語

と解することはできないでしょう。下の句の「浅茅生の宿」（＝浅茅が生い茂っている、荒れた家）との対応関係からも、「雲の上」は、誰かがあるいは何かが「涙にくれる」場所であると考えられます。

②の「目」については、

目もくるる心地すれば、このたたむがみを取りて、寝殿へわたり給ひぬ。（賢木）

のような例もあり、「目が涙にくれる」という言い方も実在しますから、正解のように考えられます。しかし、「くれる」のは「目」だけではありません。

更に何事もおぼし分かれず、御心もくれて渡り給ふ。（若菜下）

のように「心」がくれる場合もあります。また、「くれる」のは「涙に」だけでなく、

闇にくれて臥し沈み給へる程に、草も高くなり、（桐壺）

尽きもせぬ心の闇にくるるかな雲居に人を見るにつけても（紅葉賀）

などのように、「（心の）闇に」くれる場合もあります。

大将の君も、涙にくれて、目も見え給はぬを、強ひてしぼりあけて見奉るに、（御法）

という例があります。この例では、「涙にくれる」の主語は、「目」ではなく、「大将の君」になっています。このように見てくると、問題の例文でも、「帝が、涙にくれる」の意と解して、主語は③の「帝」であるとすべきであるように考えられます。

しかし、そのように解釈すると、「秋の月」はどうなるのでしょう。「雲の上（＝宮中）でも帝が涙にくれている秋の月」では意味が通じません。「帝が涙にくれている」と「秋の月」との連体関係が理解できません。

そこで、④の「秋の月」を主語と考えてみます。つまり、「秋の月が、涙にくれる」という主述関係を基底とする連体修飾構造と見て、「涙にくるる秋の月」を「涙で暗くなり見えなくなっている秋の月」と解釈するのです。この解釈には、

ながめやるそなたの雲も見えぬまで空さへくるる頃のわびしさ（浮舟）

という例が参考になるでしょう。この「空さへくるる」は「私（の心）だけでなく空までが真暗になっている」の意に解されますが、この例から、「くる」の主語には、人だけでなく空や月もなれることが知られます。

「秋の月」が「すむらむ」の主語になっていることは容易に理解できると思いますが、上の句と下の句との主語を一貫させるという点からも、「くるる」の主語は、④の「秋の月」と解すべきです。「すむらむ」には、もちろん「澄む」と「住む」とがいいかけてあります。そして「住む」の主語は更衣の里の人々です。この歌は、「雲の上も」の「も」のはたらきに注意しなければなりませんが、それに注意して解釈してみましょう。

雲の上である禁中でさえも涙にくれて暗く見える月だもの、まして下界の雲の下の母君の宿ではどうして澄んで見えていよう。

裏に、禁中でも涙にくれているのに、更衣の里ではもっと悲しみ沈んでいるだろう、という意があることは、言うまでもありません。

時枝博士は、「滝が落ちる音」の「滝」のようなものだけを主語といい、「流れる水」の

「水」が論理上「流れる」の主語になっているというようなことは考えません。したがって、ここで正解とした④の「秋の月」は、博士のいう主語には該当しません。博士は、③の「帝」あたりを正解と考えていたのでしょうか。

また、「すむらむ」は、「いかで」を受けており、「いかで」を受ける場合は連体形になるのが普通ですから、連体形とみていいでしょうが、ここは連体修飾法ではなく終止法です。したがって、連体修飾法についての単元の練習問題として取り上げているのは適切とは言えません。

Q40 「れ奉る」と「奉らる」の違いは？

助動詞の相互承接には一定の順序があると言われますが、『徒然草』には、「れ奉る」と「奉らる」のように「る」と「奉る」の順序が入れ替わった例があります。これはどうしてでしょう。また、この二つはどう違うのでしょうか。

A 確かに、『徒然草』には、(1)(2)のように、「れ奉る」と「奉らる」の両方の例が存在します。

(1)ある人に　さそはれ奉りて（三二段）
(2)剣・璽《じ》・内侍所《ないしどころ》　わたし奉らるるほどこそ（二七段）

「奉る」は助動詞ではありませんから、助動詞の相互承接と言うのは正確でありませんが、承接順序が入れ替わることは事実です。

実態についてもう少し調べてみましょう。『徒然草』には、「る」「らる」と「奉る」とが接続した例は、右掲の二例しかありません。もっとも、「らる」は四段活用の「奉る」には下接しませんが、上接した例、つまり「られ奉る」も用例が認められません。

ただ、「奉る」同様に動作の及ぶ対象を尊敬する意を表す「申す」について見ますと、「れ申す」「られ申す」は見当たりませんが、「申さる」には、

(3)守《かみ》を　入れ申さるること　ありけるに（一八四段）

(4)ある人　北山太政入道殿に　かたり申されたりければ（二三一段）

などの例があります。

『源氏物語』を、『源氏物語大成』の索引によって調べてみますと、

(5)大臣《おとど》夜に入りてまかで給ふに　ひかれ奉りて（末摘花）

(6)わが常に責められ奉る罪避りごとに（末摘花）

など、「れ奉る」「られ奉る」にはたくさんの用例がありますが、「奉らる」の用例は認められません。

ちなみに、「申す」について見ますと、「れ申す」「られ申す」の用例はなく、「申さる」は、

(7) 人より定かに数へ奉り仕うまつるべきよし、致仕《ちじ》の大臣《おとど》思ひおよび申されしを

（若菜下）

を含めて、全三例が認められます。ただし、うち一例の「申す」は補助動詞ではなく本動詞と解せられます。

実態についての観察が、「申す」にまで及んでいささか長くなりましたが、「れ奉る」と「奉らる」の違いについて考えてみましょう。二つが異なる表現にあずかるものであれば、併存する理由を有することになります。

結論から言いますと、「れ奉る」「られ奉る」の「る」「らる」は受身の意を表し、「奉らる」の「る」は動作主尊敬の意を表す、という明確な違いがあるようです。古文におけるすべての用例について調べたわけではありませんから、断言はできませんが、この違いは、構文の上からも説明することができます。例えば、(1)の例から「奉る」を取った、「Aがある人にさそはる」は、

(8) Aが　ある人に　さそはる

のような文構造であると考えられます。つまり、「ある人に」と「さそはる」とがまず関係し結合し、そうしてできた全体「ある人にさそはる」が「Aが」と関係し結合するのです。「さそはる」は「ある人に」という受身の格と呼応していて、受身の意を表します。(1)の「奉る」は、この段階の「さそはる」に下接しているのです。「奉る」は動作の及ぶ対象――「れ奉る」の場合は、及ぶ対象というよりも、及ぼされる対象といった方が的確ですが――を尊敬する意を表すもので、動作主を表す「Aが」とは、構文上、直接関係しないのです。

(1′) Aが　ある人に　さそはれ奉る

「奉る」は、受身格にある「ある人」を尊敬するために用いられています。その内側に位置する「る」は受身でなければなりません。

それに対して、(2)の文構造は、

(2′) 帝が　新帝に　剣…を　わたし　奉ら　る

であると考えられます。「剣…を　わたす」のであり、そういうことを「新帝に　～奉る」のであり、さらにそういうことを「帝が　～なさる」という構造です。「奉る」に下接した「る」、つまり、「奉る」の外側に位置した「る」は、受身の格とは関係することができず、主格と関係します。主格と直接関係する「～る」は、尊敬か可能あるいは自発の意になりますが、自発は特別の場合であり、「奉らる」の場合、可能の意を表していると解される例は見当たらないようです。⑵の例も、「帝が新帝にお渡し申し上げることができる」のように、可能の意に解釈できなくはありませんが、動作主が尊敬待遇をなされるべき帝であること、文脈の上から見ても可能とは考えられないこと、などから、可能の解釈はできません。

「申さる」の「る」も、「申す」が本動詞である場合も含めて、尊敬の意になるようです。これも、⑵と同じような文構造になるからで、理由は明らかでしょう。

以上でお答えは終わりですが、「れ奉る」「られ奉る」の用例は多いけれども、「奉らる」の用例は少ないということの理由について、考えてみましょう。動作が及ぼされる対象を尊敬する表現は、現代語にはありません。「あるお方に誘われ申し上げる」というような言い方はありません。したがって、「れ奉る」「られ奉る」は、現代の人にとっては理解しにくい敬語表現ですが、当時はそういう表現が必要であったのですから、用例が多く存在するのは当然です。(注)それに対して、「奉らる」は対象尊敬と動作主尊敬の重なった表現です。その動作主尊敬は「給ふ」でも表すことができます。もちろん「る」と「給ふ」とでは尊敬の度合いが違いますから、事情はそれほど単純ではありませんが、「奉り給ふ」が十分にその役割を果していたので、「奉らる」を使う場面が少なかったと言えるかもしれません。

注　北原保雄「古典の敬語を考える」（『國文学』一九九四年九月号）

Q41

「れ給ふ」の「る」は尊敬になるか？

左の例文の傍線部の「れ」を尊敬の意と説明している本がありますが、平安時代、「れ給ふ」の「れ」は尊敬の意にならないのが一般なのではないでしょうか。

この殿（道長）のかくて参り給へるを、帝よりはじめ感じののしられ給へど、（大鏡・肝だめし）

A

おっしゃる通り、「れ給ふ」のように「給ふ」が下接した「る」（「らる」も同じですが、以下「る」に代表させることにします）は、平安時代では、尊敬の意にならないのが普通です。私も、『全訳古語例解辞典』（小学館）の「る」の項の「要点」の欄(3)に、

平安中期までは「る」「らる」が単独で尊敬の意を表す例は少なく、他の尊敬語とともに用いられるのが普通であった。ただし、尊敬の補助動詞「給ふ」の付いた「れ給ふ」の「る」は、尊敬の意を表すことはない。

と書きました。

「る」は、自発・受身・可能・尊敬の四つの意を表しますが、尊敬の意の用法は、平安時代に入ってから出てくるもので、それも、中期ころまでは、単独で尊敬の意を表す用法はなく、

(1)御覧じだに送らぬおぼつかなさを、いふ方なくおぼさる。(源氏・桐壺)

のように、尊敬の意を表す動詞に下接して、その尊敬の度合いを増強するものでした。ご質問の例文のすぐ前に、

(2)「こはなにぞ」とおほせらるれば、

という表現がありますが、これも中期以前から見えるもので、準じて考えられる例です。「おほす」は敬語動詞とは言えませんが、上位者が下位者に命ずる意を表し、尊敬語的に用いられます。

「る」が単独で尊敬の意を表す例は、

(3)いみじう感じ申されて、「……」となん申されつる。(枕草子・大進生昌が家に)

(4)いみじう思ひのぼれど、心にしもかなはず、限りあるものから、すきずきしき心使はるな。(源氏・梅枝)

などのように、平安時代中期ころから出てきますが、まだ例数はきわめて少なく、盛んに用いられるようになるのは、院政期以降のことです。

さて、「れ給ふ」の「る」は、どうして尊敬の意を表すことがないのでしょうか。一つには成立の事情がからんでいることが考えられます。「る」の尊敬の用法は、前記のように、すでにある尊敬の意を増強するものとして成立し、敬意も低く、用法も限られていました。用法が限られているということは、誰がどういう場面で使ってもよいというものではないということです。

森野宗明氏(注)によれば、『源氏物語』や『枕草子』では、「る」が単独で用いられるのは、会話の中が特に多く、それらの例のほとんどが男性を話し手とするもので、女性の場合は、大宮のような老人か近江君のような特異な人物がほとんどだということです。「る」は、男性の言葉としては、「給ふ」ほどよくは使われないけれども、とにかく普通の語であったが、当代を代表するような教養ある貴婦人はなるべく口にしない方がよいと考えられていた語ではないか、と森野氏は説明しています。

前提の一般論がいささか長くなりました。ご質問の部分、「感じののしられ‖給ふ」は、その動作主が、帝（を含む人たち）ですから、尊敬の意に解したくなるところですが、やはりできるかぎり尊敬の意には解釈しない方がよいでしょう。受身、可能は文脈からして無理でしょうが（ただし、受身と解している本もありました）、自発ならば解釈できそうです。

⑸天皇をはじめとして一座の人々は、自然に感心なさり、おほめそやしなさるが、

というような現代語訳になりましょうか。

多くの用例の解釈結果を帰納して得られた文法を適用して個別の解釈に当たらなければならないことを教えてくれた例ですが、残念なことに、この場合の文法は、この「る」は尊敬の意にならないということを制限するだけで、自発・受身・可能のいずれの意であるかを決定してはくれません。その決定は、文脈によるしかありません。文法の限界です。

以上で回答は終わりですが、ご質問の例文のすぐ前に、敬語法の上から見てちょっと問題になる表現がありますので、取り上げておきましょう。

(6)粟田殿は、……仁寿殿の東面の砌《みぎり》のほどに、軒と等しき人のあるやうに見え給ひければ、

この「給ふ」はもちろん粟田殿に対する尊敬の意を表すものでなければなりません。しかし、現代語では、「粟田殿には、軒と等しい人がいるように、お見えになった」と普通言うでしょうか。すぐ後に出てくる、

(7)入道殿は、いと久しく見えさせ給はぬを、

は、現代語でも普通に用いる敬語法で、全く問題になりませんが、(6)の「見え給ふ」はこれと違います。ただ、

(8)たまさかにても、かからむ人を出だし入れて見むにますことあらじと見え給ふ。

（源氏・紅葉賀）

のように類例があり、特殊なものではありません。

(7)では、「見える（現れる）」という動作の主体は入道殿です。「入道殿が見える」のです。「させ給ふ」はその主体を尊敬しているのですから、全く問題がありません。それに対して、(6)は、「粟田殿に〜と見えた」というのです。「粟田殿が見えた」というのではありません。「粟田殿」は狭義の動作主体には当たりませんが、尊敬語の主体は、もう少し広く考えなければならないもののようです。

注　森野宗明「ら・らる——敬義〈古典語〉」（『古典語現代語助詞助動詞詳説』学燈社）

Q42 謙譲語は動作する人物を低めるものか？

謙譲語についての説明は古典文法テキストによってまちまちですが、どう考えたらよいのでしょうか。

A 手もとにある古典文法テキスト三十八冊を調べてみました。確かにまちまちです。説明がまちまちであるだけならよいのですが、明らかに間違っていると思われるものが半数以上あるのは、問題です。

「動作する人物を低める」というような説明をしているテキストが二十冊もあります。たとえば、

①謙譲表現は、話し手（書き手）が、話題の中の動作する人を低めることによって、動作を受ける人を敬う表現である。

②話し手が、話題の人物Aの動作などにへりくだったことばを用いることによって、その動作の及ぶ相手である話題の人物Bに対する敬意を表す。この場合に用いられる語を、謙譲語という。

③ある動作に関係のある相手を敬うために、その動作をする人（話し手・話題の人）を低くみるときに用いる語。

などのごとくです。

しかし、こういう説明では、

④（帝ガ）弘徽殿などにも渡らせ給ふ御供には、（帝ハ源氏ヲ）やがて御簾《みす》のうちに入れ奉り給ふ。（源氏・桐壺）

などの例は、どう考えるのでしょうか。源氏を敬うために、帝を低めたり、低く見たりすると説明するのでしょうか。②の用語で言えば、ＢよりもＡの方が高く遇されていい人物である場合がたくさんあるのです。

どうして、謙譲語は動作する人物を低める表現だと考えられるようになったのでしょうか。それは、まさに「謙譲語」という術語にまどわされたからでしょう。謙譲なら、誰かがへりくだらなければならない、それは、動作をする人物以外にはない、という論理です。確かに、

⑤罪得ることぞと、（私がアナタニ）常に聞こゆるを。（源氏・若紫）
⑥ただ今、おのれ（＝私ガ）、（アナタヲ）見捨て奉らば、（同右）

などのように、話し手が動作をする人である場合には、動作をする人を低めると解釈しても問題はあまり顕在化しません。動作の及ぶ相手を高めることと動作をする自分を低めることは実質的にあまり変わりがありませんし、自分の動作ならばへりくだっても変ではないからです。

しかし、動作の及ぶ相手を敬うために、どうして動作をする人を低めなければならないのでしょうか。前掲③のテキストでは、

⑦中納言（＝藤原隆家）参りたまひて、御扇奉らせたまふに（枕草子・中納言参りたまひて）

という例をあげて、

⑧「参りたまふ」「奉らせたまふ」の「参る」「奉る」は謙譲語、「す」「たまふ」は尊敬語である。隆家の「行く」「贈《おく》る」という動作に謙譲語を用いたのは、作者が中宮を尊敬

し、その相手である隆家の動作を低め、間接に中宮を高めたためである。また作者は隆家をも尊敬しているために、「す」「たまふ」を用いている。

と説明しています。この記述には、「動作を低め」るという言い方を始め（「動作を低める」というのと「人を低める」というのとは違います）、いろいろ気になる表現がありますが、それについては深入りしないことにしましょう。しかし、尊敬する隆家をなぜ低めなければならないのでしょうか。「間接に中宮を高めた」ためだということのようですが、この「間接（的）に」という説明は、実は、他の多くのテキストでも用いていることです。

⑨間接的に尊敬するので間接尊敬ともいう。

とまで述べているテキストもあります。しかし、もう一度考えてみましょう。どうして、尊敬待遇しなければならない人物を低めなければならないのでしょうか。おかしくはありませんか。

⑦の例の場合、隆家が、中宮に、扇を奉るのですが、隆家を低めなくても、動作の及ぶ人物中宮を、直接高めることはできるのです。⑤⑥の例の場合でも、同様です。私を低めなくて

も、動作の及ぶ相手を直接高めることはできるのです。動作をする人と動作の及ぶ相手のある動作がある場合、動作をする人を高めることが直接的にできるのと同様に、動作の及ぶ相手を高めることも直接的にできます。もちろん、高めるのは、話し手（書き手）です。話し手は、動作をする人とは関係なしに動作の及ぶ人を高めることができるのです。動作をする人を低めることによって間接的にという考え方は、やはり、謙譲、へりくだり、ということから出てくるのでしょう。それならば、謙譲語という術語を使わなければいい。そういうことで、現に、受け手尊敬語とか、対象尊敬語という術語を使っているテキストもあります。

ただ古文に、謙譲、へりくだりの表現がないというのではありません。

⑩命長さの、いとつらう思ひ給へ知らるるに、松の思はむことだに、恥づかしう思ひ給へ侍れば、（源氏・桐壺）

⑪いみじう心細げに見給へ置くなむ、願ひ侍る道のほだしに思ひ給へられぬべき。（源氏・若紫）

などの「給ふ（下二段活用）」は、話し手のへりくだりの気持ちを表す表現であり、まさに謙譲語と呼ぶにふさわしいものです。

この「給ふ」は、会話文の中でしか用いられません。動作をする人は話し手に限られていま す。「奉る」「聞こゆ」などのように、動作の及ぶ相手がはっきりしていません。ですから、話し手が、話題の人物（素材）に対してではなく、聞き手に対して、敬意を表している敬語である、ということになるでしょう。この「給ふ」は、話し手の「思ふ」「見る」「聞く」などの動作に限って用いられますが、これらの知覚動作は、主観性の強いものであり、話し手が自分の知覚をへりくだっている表現だということになるでしょう。

初出
『国語教室』（大修館書店）連載「QA文法セミナー」（一九八六年四月第二七号から二〇〇一年一一月七四号）。単行本化にあたり、加筆・訂正の上、再構成した。

[著者略歴]
北原　保雄（きたはら　やすお）
1936年、新潟県柏崎市生まれ。1966年、東京教育大学大学院修了。文学博士。筑波大学名誉教授（前筑波大学長）。独立行政法人日本学生支援機構理事長。

■主な著書
［文法関係］『日本語の世界６　日本語の文法』（中央公論社）、『日本語助動詞の研究』（大修館書店）、『文法的に考える』（大修館書店）、『日本語文法の焦点』（教育出版）、『表現文法の方法』（大修館書店）、『青葉は青いか』（大修館書店）、『達人の日本語』（文藝春秋）、『問題な日本語』『クイズ！日本語王』『続弾！問題な日本語』（大修館書店）など。
［古典関係］『狂言記の研究』全４巻（共著、勉誠社）、『延慶本平家物語　本文篇・索引篇』（共著、勉誠社）、『舞の本』（共著、岩波書店）など。

■主な辞典
『古語大辞典』（共編、小学館）、『全訳古語例解辞典』（小学館）、『反対語対照語辞典』（共編、東京堂出版）、『日本語逆引き辞典』（大修館書店）、『日本国語大辞典　第２版』全13巻（共編、小学館）、『明鏡国語辞典』（大修館書店）など。

北原保雄《きたはらやすお》の日本語文法《にほんごぶんぽう》セミナー
© KITAHARA Yasuo 2006
NDC375 ix, 243p 19cm

初版第１刷――2006年８月10日

著　者――北原保雄《きたはらやすお》
発行者――鈴木一行
発行所――株式会社大修館書店
〒101-8466　東京都千代田区神田錦町3-24
電話03-3295-6231（販売部）　03-3294-2354（編集部）
振替00190-7-40504
［出版情報］http://www.taishukan.co.jp

装丁――井之上聖子
印刷――広研印刷株式会社
製本――牧製本

ISBN4-469-22176-7　　Printed in Japan

Ⓡ本書の全部または一部を無断で複写複製（コピー）することは、
著作権法上での例外を除き禁じられています。

表現文法の方法　北原保雄 著　四六判　三七四頁　本体二、六〇〇円

文法的に考える　日本語の表現と文法　北原保雄 著　四六判　三二二頁　本体二、三〇〇円

日本語助動詞の研究　北原保雄 著　A5判　六七四頁　本体六、五〇〇円

青葉は青いか　日本語を歩く　北原保雄 著　四六判　二七四頁　本体一、九〇〇円

問題な日本語　北原保雄 著　四六判　一六八頁　本体　八〇〇円

定価＝本体＋税５％（2006年７月現在）　大修館書店